Entre Nous

Richard Wall

Many thanks to Valerie Laws for her help and support, without whom **Entre Nous** would never have been possible.

Sommaire

Introduction

Look at the photograph. It shows all the towns twinned with Cabourg in Northern France. Many British towns and cities have twin towns around the world, and more and more work exchanges are taking place between businesses and colleges in the UK and France. You may already have been on an exchange yourself!

Entre Nous is about learning real French, for meeting people, for getting about and for planning or taking part in a French work exchange.

In each unit you will find yourself in a different situation; for example, working in a hotel with French visitors, or applying for a job in France. You will be clearly guided round the book and given lots of opportunities to practise speaking until you feel confident.

Here is how each of the ten units in the book is organised.

★ *The situation is clearly explained to you in* **English** *at the beginning.*
★ *Then the scene is set with a* **story** *where you will see and hear French people.*
★ *Next it is your turn. The following spreads give you a chance to* **listen** ⌣ *to key phrases, to practise* **speaking** ⌣ *them yourself, to* **read** 📖 *them in real places, and then* **write** ✎ *them. You will soon find you have the confidence to manage the tasks, especially as all the words you need are clearly set out in the* **Mots-clés***.*
★ *When you have worked through the unit, you will be able to put everything you know together and tackle the assignment,* **Entreprise Individuelle***.*
★ *Finally, use the* **Mini-test** *to check how much you know.*

Bonne chance et amuse-toi bien!   Richard Wall

Entre Nous
Coursebook
Teacher's Resource Book
Cassettes

Design: Krystyna Hewitt, Chinnor, Oxfordshire
Illustrations: Debbie Clark, Janek Matysiak, Rodney Sutton

The author and publishers would like to thank the following people, without whose support we could not have created **Entre Nous**:

Nathalie Froux for native speaker consultation.
Clive Warlow, Janeen Leith, Marilyn Morrison, Carmel O'Hagan and Mary Higgins for their detailed advice throughout the writing. Annamaria Ferro for editing the book.

The authors and publishers would like to acknowledge the following for permission to use photographs and published texts:

Syndicat d'Initiative de la Vallée du Dun (p.144). Syndicat d'Initiative, Dieppe (p.80/81).

In some cases it has not been possible to trace copyright holders of material reproduced in **Entre Nous**. The publishers will be pleased to make the necessary arrangements with any copyright holders whom it has not been possible to contact at the earliest opportunity.

Recorded at Speech Plus Recordings by Catherine Graham, Cécile Hopkins, Tony Beck and Yves Aubert; produced by Graham Williams.

Text © Richard Wall 1997
Note: The right of Richard Wall to be identified as the author of this work has been asserted by him in accordance with the Copyright, Designs and Patents Act 1988.

Illustrations © Mary Glasgow Publications 1997

First published by Mary Glasgow Publications 1997

ISBN 0 7487 3146 6

97 98 99 00 01 / 10 9 8 7 6 5 4 3 2 1

Mary Glasgow Publications
An imprint of Stanley Thornes (Publishers) Ltd
Ellenborough House, Wellington Street, Cheltenham GL50 1YW

A catalogue record for this book is available from the British Library

Printed and bound in Italy by Canale

Nous et vous

A French student is coming to England to stay with you. You know nothing about them. How are you going to talk to them?

IN THIS UNIT, you will find out how to swap information with your exchange partner.

WHAT IF you're working in France, or dealing with French visitors?

This unit will help you to

★ *tell a French person about yourself*
★ *fill in forms in French, or sign someone in when working at reception*
★ *make friends and socialise, in person or on the Internet*
★ *and even join in complaining about the boss!*

BUT FIRST, read this story. In it, Xavier uses the world wide web to find the girl of his dreams, watched enviously by his mate Yannick. Has he done it?

Xavier et Yannick

Xavier s'intéresse à une nouvelle petite amie sur Internet. Yannick s'y intéresse, lui aussi!

1. Il y a une fille vraiment sympa sur Internet! Elle a les cheveux blonds, les yeux bleus, dit-elle ...

Formidable! C'est Pamela Anderson, peut-être!

2. Attention... elle écrit...

Nadine, c'est joli, euh?

Quel est ton nom?

Je m'appelle Nadine.

3. As-tu des animaux? J'ai un chien et un chat.

Moi aussi!

4. Je veux téléphoner à Nadine!

C'est quand, ton anniversaire?

Le 20 septembre.

Wow! Hé!! Moi, je suis né le 20 septembre aussi!

5. Quel est ton numéro de téléphone?

Quel est ton âge?

Et l'âge de Nadine?

6.

7. J'ai 62 ans. Et toi?

8. !

Xavier et Yannick: quelques questions

 **1** **Lis et comprends l'histoire!**

 **2** **Lis!** Vrai ou faux?

a Nadine a les yeux bruns.

b Xavier aussi a un chat et un chien.

c Xavier veut téléphoner à Nadine.

d Nadine a 26 ans.

e C'est Pamela Anderson sur Internet.

 3 **Ecris!** Recopie les 6 phrases correctes:

La fille a les cheveux bruns.
Elle a les cheveux blonds.

Elle a les yeux verts.
Elle a les yeux bleus.

Elle s'appelle Madeleine.
Elle s'appelle Nadine.

Elle a un chat.
Elle a un chien.

Elle est née le 20 septembre.
Elle est née le 2 septembre.

  4 **Théâtre!** Travaillez à deux. Jouez les rôles.

1A

Tu veux travailler en France. Tu vas à un entretien en Grande-Bretagne.

 **1 Ecoute! 1–8** C'est quelle question?

Ecris **a**, **b**, **c** ou **d**. *1 b*

a *Quel est votre nom?* **b** *Quelle est votre adresse?*

c *Quel est votre numéro de téléphone?* **d** *Quel est votre âge?*

 2 Parlez! Les questions

Travaillez à deux.

Apprenez les quatre questions de **1** .

A Pose les questions. **B** Invente des réponses!

A *Quel est votre nom?* *Mickey Mouse!* **B**

A *Quelle est votre adresse?* *The White House, Washington!* **B**

Continuez …

 **3 Ecoute! 1–4** Qu'est-ce qu'ils disent?

Note les renseignements:

le nom, l'âge, l'adresse et le numéro de téléphone.

Ecris **a**, **b**, **c**, etc. *1 b, f, k*

les noms (a-d)	les âges (e-h)	les adresses et les numéros de téléphone (i-l)	
a Guy	**e** 15	**i** le Havre	02 35 95 11 09
b Nathalie	**f** 16	**j** Déville	02 34 00 32 25
c Sonia	**g** 17	**k** Rouen	02 25 26 33 49
d Marcelle	**h** 18	**l** Catenay	02 57 31 98 14

 **4** **Parlez!**

Travaillez à deux. Préparez la conversation:

- **A** *Quel est votre nom?* ⟹ **B** *Donne ton nom:* *Henry Bell.* **B**
- **A** *Quel est votre âge?* ⟹ *et ton âge:* *Seize ans.* **B**

- **A** *Quelle est votre adresse?* ⟹ *South Street, Leeds.* **B**
- **A** *Quel est votre numéro de téléphone?* ⟹ *le 257 6588* **B**

 **5** **Lis!** Des renseignements personnels

Ecris les renseignements sur une fiche:

a

Moi, je m'appelle Sophie Bulan, et j'ai quinze ans. J'habite 2 place Letellier à St Léger, et mon numéro de téléphone, c'est le 02 35 94 26 13.

b

Je m'appelle Joseph Marceau. J'habite 15 avenue Lafayette à Saint Maclou. J'ai dix-sept ans. J'ai un téléphone, le numéro, c'est le 01 43 53 43 66.

c

Je m'appelle Fernand Cornier, et j'ai seize ans. J'habite 3 rue St Clair au Havre, et mon numéro de téléphone, c'est le 02 35 34 00 28.

d

Moi, je m'appelle Adrienne Auber, et j'ai seize ans. J'habite 84 rue Pigeonnier à Catenay, et mon numéro de téléphone, c'est le 02 35 22 94 04.

Nom: *Sophie Bulan*
Age: *15*
Adresse:
....
....

Numéro de téléphone:
....

  6 **Ecris!**

Regarde **5**. Ecris tes renseignements.

Recopie et complète une fiche. * *nom* *Sophie ...*

Mots-clés

quel est ...?	*what is ...?*
quelle est ...?	*what is ...?*
le nom	*the name*
l'âge	*the age*
l'adresse	*the address*
le numéro de téléphone	*the telephone number*
votre	*your*
mon	*my*
je m'appelle	*my name is*
j'ai ... ans	*I am ... years old*

1B Tu travailles dans un hôtel à la réception.

1 Ecoute! 1–12 C'est quel mois?

les mois	
1 janvier	7 juillet
2 février	8 août
3 mars	9 septembre
4 avril	10 octobre
5 mai	11 novembre
6 juin	12 décembre

◎ Ecris le numéro du mois. *1: 5

◎◎ Ecris le mot. *1 mai

2 Ecoute! 1–6 Le lieu de naissance

Grenoble   Marseille   Cherbourg

Nantes   Dijon   Orléans

◎ Ecris le nom de la ville. * 1 Nantes

◎◎ **Il** ou **elle**?

Complète la phrase: **Il est né à** ... ou **Elle est née à** ...
* 1 Il est né à Nantes.

3 Ecoute! 1–6 Le pays de naissance et le lieu de naissance

Recopie et complète la grille.

Je suis né / née à .... en ....

(F)   (GB)

Grenoble   Londres

Nantes   Folkestone

Dijon   Birmingham

	né/e à	pays
1	* Londres	GB
2		
3		
4		
5		
6		

4 Parlez! Une conversation

Apprenez la conversation avec un partenaire.

A Votre anniversaire, s'il vous plaît?

Je suis né / née le *trois mai. **B**

A Votre pays de naissance?

Je suis né / née *en France. **B**

A Et votre lieu de naissance?

*Paris. **B**

 **5 Lis!** Des renseignements personnels

Recopie et remplis la fiche.

	a	b	c	d
nom	* Sophie Bulan			
anniversaire	* le 3 juin			
lieu de naissance				
pays de naissance				

a

Je m'appelle Sophie Bulan, et mon anniversaire, c'est le 3 juin. Je suis née à Beaucamp en Normandie. C'est en France.

b

Je m'appelle Joseph Marceau. Je suis né à Dives-sur-mer, en France. Mon anniversaire, c'est le 5 octobre.

c

Je m'appelle Fernand Cornier. Moi, je suis né à Cabourg - c'est une petite ville sur la côte, dans le nord de la France. Mon anniversaire, c'est le 12 janvier.

d

Moi, je m'appelle Adrienne Auber. Mon anniversaire est le 31 août: je suis née à Rouen. C'est une grande ville en Normandie, en France.

 6 Ecris!

Dessine une fiche. Ecris
- *ton nom*
- *ton anniversaire*
- *ton lieu de naissance*
- *ton pays de naissance.*

Mots-clés

c'est quel mois?	*which month is it?*
votre	*your*
l'anniversaire	*birthday*
le lieu de naissance	*place of birth*
le pays de naissance	*nationality*
je suis né / née	*I was born*
le 17 mai	*the 17th May*
à	*at*
en France	*in France*
en Grande-Bretagne	*in Great Britain*

1C

Tu es au téléphone. Tu parles avec ton / ta partenaire.

1 Ecoute! 1–8 C'est quelle question?

Ecris **a**, **b**, **c** etc. *1 d*

a As-tu un frère?

c As-tu des frères et des sœurs?

b As-tu une sœur?

d As-tu des animaux?

2 Parlez! *A toi!*

Apprenez les questions de **1**.

Travaillez à deux.

A Pose les questions.

B Réponds (Oui.) ou (Non.)

* A As-tu un frère?
B Non.

3 Ecoute! 1–5 As-tu des frères, des sœurs ou des animaux?

Recopie et remplis la grille.

nom	frères	sœurs	animaux
Aristide	*1	2	1 chat
Pascale			
Armand			
Claudette			
Madeleine			

4 **Ecris!** Comment?

Regarde les photos.

Ecris combien de frères, de sœurs ou d'animaux   * a *J'ai une sœur.*

a   b   c   d   e

Et toi?

 5 **Parlez!** Combien?

Travaillez à deux. Regardez les images de **4**.

A Pose la question: *As-tu des frères, des sœurs ou des animaux?*

B Réponds: *Oui, j'ai ...*

* a   **A**   *As-tu des frères, des sœurs ou des animaux?*   *Oui, j'ai une sœur.*

B

 6 **Lis!** Des renseignements personnels

Recopie et remplis la fiche. Regarde bien l'exemple.

a   *Salut! Je m'appelle Martine, et il y a quatre personnes dans ma famille. J'ai deux sœurs, Jeanne et Sophie, et j'ai aussi un serpent qui s'appelle Sylvie.*

c   *Bonjour! Je m'appelle Adrienne, et il y a cinq personnes dans ma famille. J'ai deux frères, Eric et Jacques, et j'ai aussi un chien qui s'appelle Moussa.*

b   *Salut! Je m'appelle Juliette, et il y a trois personnes dans ma famille. J'ai une petite sœur, Maxine.*

d   *Quant à moi, je m'appelle Fernand. J'ai un frère et une sœur, qui s'appellent Georges et Catherine. Mon chat s'appelle Champagne.*

* a
Nom...Martine.........
Frères.-.................
Sœurs.......2: Jeanne, Sophie..
Animaux.1: serpent, Sylvie....

Mots-clés

as-tu ...?	*have you ...?*	des animaux	*any / some pets*
un frère	*a brother*	j'ai	*I have*
une sœur	*a sister*	un chat	*a cat*
des frères	*any / some brothers*	un chien	*a dog*
des sœurs	*any / some sisters*	un serpent	*a snake*

1D

Tu travailles à la réception. Un policier cherche quelqu'un. Il te fait une description de la personne.

 1 Ecoute! 1–5 Les yeux

a

Il a
les yeux bruns
les cheveux blonds

b
les yeux gris
les cheveux bruns

c
les yeux bleus
les cheveux gris

d

Elle a
les yeux verts
les cheveux noirs

e
les yeux gris
les cheveux roux

f
les yeux bruns
les cheveux blonds

Ecris les bonne lettres. *1c

Ecris les mots. *1 bleus.

 **2 Ecoute! 1–5** Les cheveux

Cherche la couleur.

Ecris les bonnes lettres. * 1 b

Ecris les mots. * 1 bruns

3 Parlez! Devinez!

Travaillez à deux. Regardez les photos de **1**.

a–c

A *Il est comment?*

B réponds: *Il a ...*

A *Il est comment?*

A *c?*

d–f

A *Elle est comment?*

B réponds: *Elle a ...*

Il a les yeux bleus et les cheveux gris. **B**

Oui! **B**

 Cachez les mots.

  4 Lis! Des erreurs

Regarde les photos de . Trouve les erreurs. * *a les yeux verts*

a
*Une description?
Oui, j'ai les cheveux
assez longs et blonds.
J'ai les yeux verts.*

b
*Moi, j'ai les cheveux
bruns. Je suis assez grand: 1
m. 65. J'ai les yeux bleus.*

c
*Et moi, j'ai les cheveux
assez courts et noirs. Je
suis petit: 1 m. 40. J'ai les
yeux bleus.*

d
*J'ai les cheveux roux.
Je suis vraiment grande,
1 m. 80. J'ai les yeux verts.*

e
*Ma description? Oui,
j'ai les cheveux longs et
noirs. J'ai les yeux gris.*

f
*J'ai les cheveux
blonds et les yeux
gris. Je suis très
grande: 1 m. 76.*

---

5 Ecris! Les yeux et les cheveux

a  **b**  **c**

Complète la phrase: **Il / Elle a les yeux … et les cheveux …**

* *a Elle a les yeux bruns et …*

  **6 Ecris!**

Comment es-tu? Complète la phrase: **J'ai les yeux … et les cheveux …**

Mots-clés

il / elle est comment?	*what is he / she like?*
j'ai …	*I have …*
il a, elle a	*he has, she has*
les cheveux …	*… hair*
les yeux …	*… eyes*
blonds	*blond, fair*
bleus	*blue*
bruns	*brown*
roux	*ginger*
noirs	*black*
gris	*grey*
verts	*green*

1E

Tu es au travail. Tu discutes du patron/de la patronne avec un copain / une copine.

 **1 Ecoute! 1–5** Des traits positifs

 Ecris la bonne lettre. *1c

 Complète la phrase: **Il est …**
Elle est …*1 *Elle est polie.*

a sympa   **b** drôle   **c** poli, polie

  2 Ecoute! 1–5 Des traits négatifs

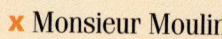 Relie les paires. *1: z-f

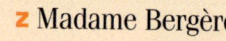 Ecris la phrase. *1 *Madame Bergère est égoïste.*

x Monsieur Moulin

e irascible

y Madame Pezet

d impatient, impatiente

z Madame Bergère

f égoïste

 **3 Parlez!** Des traits positifs et négatifs

Travaillez à deux. Ecrivez les six mots **a–f** (français et anglais) sur un bout de papier.
D'un côté, le mot anglais; de l'autre côté, le mot français.
Apprenez les mots:

- *français* ⇒ *anglais*
- *anglais* ⇒ *français*

polite ⇒ poli

4 **Parlez!** Comment sont-ils?

Travaillez à deux.

A Choisis un nom. Pose la question.

B Regarde une carte de **3**.
Invente une réponse:

A *Comment est-il, *Monsieur Follet?*

ou

A *Comment est-elle, *Madame Bergère?*

Il/Elle est … **B**

> **Les noms:**
> Madame Colard   Madame Bergère   Madame Pezet
> Monsieur Moulin   Monsieur Follet   Monsieur Dufour

  A Ecris. Complète la phrase: **Monsieur … est …**

Madame … est …

*Monsieur Follet est égoïste.

  5 **Lis!** Cherche l'intrus

Recopie l'intrus.   *Paris, Marseille, London, Calais*  **London*

a sympa, impatiente, irascible, égoïste

b impatient, drôle, irascible

c égoïste, drôle, poli, sympa

d irascible, impatient, égoïste, drôle

e sympa, poli, irascible, drôle

  6 **Ecris!** A toi!

Tu as un petit boulot? Comment est ton patron / ta patronne?
Tu n'as pas de boulot? Comment est ton prof?

Complète la phrase: **Il est …** ou **Elle est …**

> **Mots-clés**
>
> | il est, elle est | he is, she is |
> |---|---|
> | sympa | nice, friendly |
> | drôle | funny |
> | poli, polie | polite |
> | impatient, impatiente | impatient |
> | irascible | bad-tempered |
> | égoïste | selfish |
> | un boulot | a job |

ENTREPRISE INDIVIDUELLE 1

Congratulations! You have arranged to go to France on work experience and you will be staying with a French family. Before you go, you will need to send some information …

 A **Une fiche**

Ecris une fiche pour envoyer ton CV par fax.

N'oublie pas tes renseignements personnels:

ton nom	◀◀ à la page 7 **6**
ton adresse	"
ton numéro de téléphone	"
ton âge	"
ton anniversaire	◀◀ à la page 9 **6**
ton lieu de naissance	"
ton pays de naissance	"

Curriculum Vitae

NOM (en capitales): ....

PRENOM: ....

ADRESSE: ....

VILLE: ....

CODE POSTAL: ....

TEL: ....

TON AGE: ....

ANNIVERSAIRE: ....

LIEU DE NAISSANCE: ....

MOTS EXTRA

le prénom	*first name*	une souris	*a mouse*
le nom de famille	*surname*	un hamster	*a hamster*
le code postale	*postcode*	un serpent	*a snake*
en Angleterre	*in England*	un oiseau	*a bird*
au Pays de Galles	*in Wales*	un demi-frère	*a step-brother*
en Irlande	*in Ireland*	une demi-sœur	*a step-sister*
en Irlande du Nord	*in Northern Ireland*	un/e cousin/e	*a cousin*
anglais/e	*English*	les cheveux longs	*long hair*
écossais/e	*Scottish*	les cheveux courts	*short hair*
gallois/e	*Welsh*	les cheveux frisés	*curly hair*
irlandais/e	*Irish*	content/e	*happy*
français/e	*French*	triste	*sad*
un lapin	*a rabbit*		
un poisson	*a fish*		
un cochon d'Inde	*a guinea pig*		

B # Une lettre ou un message téléphonique

Ecris une lettre par e-mail à ton partenaire en France. Ou bien laisse un message sur son répondeur.

Donne des renseignements de:

tes frères	◀◀ à la page 11 **4**
tes sœurs	"
tes animaux	"

Demande:

leur numéro de téléphone	◀◀ à la page 6 **1**
leur âge	"
leur anniversaire	◀◀ à la page 8 **4**
des renseignements à propos de leur famille et des animaux	◀◀ à la page 10 **1**

Ici des exemples

Salut

C'est moi Marc. Voici quelques renseignements à propos de moi (j'ai quinze ans) et ma famille.

On est six dans la famille. J'ai un frère, et une sœur.

J'ai un chat et un serpent.

Réponds-moi vite!

Marc

Salut

C'est moi Angélique, ta partenaire. Voici quelques renseignements à propos de ma famille.

On est cinq dans la famille. Je n'ai pas de frère, mais j'ai une sœur. Elle s'appelle Madeleine. Elle a dix-huit ans et est sympa. (Moi, j'ai seize ans.) J'ai un chien, Barbare. Il est vraiment drôle!

Et toi? Quel est ton numéro de téléphone? Et ton anniversaire – c'est quand? Ton âge – tu as quel âge? Parle-moi un peu de ta famille et si tu as des animaux.

Réponds aussi vite que possible à mes questions, s'il te plaît!

Angélique

Mini-test 1

 **1 Lis!** Des renseignements personnels

Ecris les renseignements.   *a Louise Mamet.

NOM: .... (a)

ADRESSE: .... (b)

....

NUMERO DE TELEPHONE: .... (c)

AGE: .... (d)

ANNIVERSAIRE: .... (e)

PAYS DE NAISSANCE: .... (f)

FAMILLE: .... (g)

J'ai seize ans et mon anniversaire, c'est le 26 août. Je m'appelle Louise Mamet. J'ai un frère, Luc, quatorze ans. Voilà mon numéro de téléphone: le 01.22.45.67.73. J'habite à Nantes, la route de Mauny, 23. Je suis née en France, à Nantes; je suis donc française.

 **1 Ecris!** Un calendrier personnel

Complète la liste des mois. Ecris des dates importantes à toi – ton anniversaire, par example.

j *j = janvier 8 – mon anniversaire...   j ....

f ....   a ....

m ....   s ....

a ....   o ....

m ....   n ....

j ....   d ....

EXTRA!

 Ecris! Des descriptions

Ecris une description de ces trois personnes. *a Elle a ...

a    b    c

De chez toi au collège

A French family is having difficulties communicating in an estate agent's where you work. Can you help them?

IN THIS UNIT, you will find out how to give information to French-speakers about flats or houses, and schools they may be interested in for their children.

WHAT IF you are applying for a job in a French school?

This unit will help you to

★ *tell a French friend about your home*
★ *show them round your home*
★ *understand your French exchange partner's complaints about their daily routine*
★ *discuss over the phone a job available in a school in France*
★ *tell an employer about your school in an interview.*

BUT FIRST, read this story. A group of French friends are spending the night in an old haunted house, hoping to get a story for the local paper. But have they the nerve?

La maison hantée

Des copains vont passer la nuit dans une maison "hantée".

La maison hantée: quelques questions

 **1** **Lis et comprends l'histoire!**

 **2** **Ecris!** **Choisis les bons mots. Recopie et complète les phrases.**

A C'est une maison vieille et

  a petite
  b grand
  c grande

B "Le fantôme" est dans

  a la cuisine
  b la chambre
  c la salle de bains

C Il faut quitter

  a l'appartement
  b le salon
  c la maison

D "Le fantôme" préfère un appartement qui est

  a vieux
  b moderne
  c grand

 **3** **Regarde l'histoire. Mets les sous-titres dans le bon ordre.**

Ecris les lettres dans le bon ordre.   *d, ...*

  a Ils quittent la maison
  b "Le fantôme" préfère un appartement tranquille
  c A deux heures
  d La vieille maison
  e Dans la salle à manger?
  f Le fantôme est-il dans la cuisine?

  4 **Théâtre!** **Jouez les rôles.**

2A

Un copain / une copine cherche un appartement.
Il / Elle te rend visite.

1 Ecoute! 1–5 Où habites-tu?

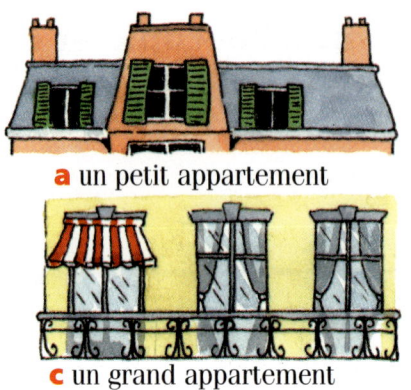

a un petit appartement   **b** une petite maison

c un grand appartement   **d** une grande maison

Ecris **a**, **b**, **c** ou **d**.   ** 1 b*

Ecris une phrase:

◎   C'est **un grand** / **petit** appartement.

◎ ◎   C'est **une grande** / **petite** maison.   ** 1 C'est une petite maison.*

2 Parlez!   Où habites-tu?

Regardez les images **a-d**.

A Choisis une image.

B Devine!
> Où habites-tu?
> Dans un *petit / grand* appartement?

> Où habites-tu?
> Dans une *petite / grande* maison?

A *Oui.*   ou   *Non.*

3 Ecoute! 1–5 Combien de pièces?

◎   Ecris le numéro: **5, 6, 7** ou **8**.   ** 1: 7*

◎ ◎ Ecris une phrase: **Il y a ... pièces.**   ** Il y a sept pièces.*

4 **Parlez!** Combien de pièces?

A *Combien de pièces dans la maison a?*

B Regarde la grille. Change le mot souligné.

Il y a sept pièces.

B

a	6
b	5
c	8
d	7

5 **Lis!** A vendre!

Regarde les images **a-d** de **1**. Relie les paires.   * w - c

w

A vendre!
Grand appartement, tout confort, sept pièces, 480 000 F.

y **A vendre:** appartement, cinq pièces, petit mais confortable. 250 000 F

z

A vendre
- petite maison au centre-ville
- moderne et confortable
- six pièces, 350 000 F.

x **A VENDRE!** Très grande maison, huit pièces, jardin, etc. **600 000 F.**

Regarde les annonces **w**, **x**, **y** et **z**.

Ecris des notes en français. Emploie les mots qui se trouvent dans la maison.

* w appartement, ...

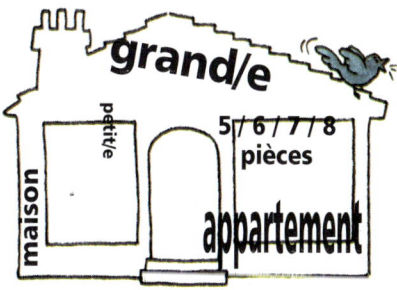

grand/e
petite
maison
5 / 6 / 7 / 8 pièces
appartement

6 **Ecris!** A toi! Où habites-tu?

Regarde les annonces de **5**. Ecris une annonce pour ta maison ou ton appartement.   * A vendre! ...

Mots-clés

où habites-tu?	*where do you live?*
j'habite dans ...	*I live in ...*
un appartement	*a flat*
une maison	*a house*
c'est ...	*it is ...*
grand, grande	*big*
petit, petite	*small*
combien de pièces?	*how many rooms?*
il y a cinq pièces	*there are five rooms*
six, sept, huit	*six, seven, eight*
à vendre	*for sale*

2B

Tu habites un appartement avec des copains. Tu montres l'appartement à ton ami / amie. Tu expliques qui habite avec toi.

 1 **Ecoute!** **1–5** Les pièces

Réponds aux questions.

C'est qui, dans ...
a la salle de bains ?
b la salle à manger ?
c la cuisine ?
d la salle de séjour ?
e la chambre de Jean ?

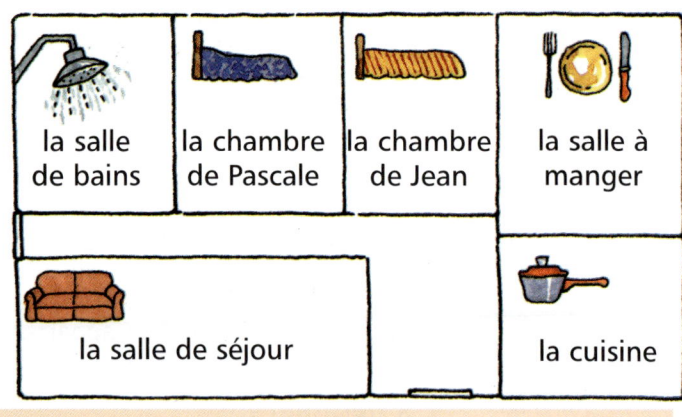

| la salle de bains | la chambre de Pascale | la chambre de Jean | la salle à manger |
| la salle de séjour | | | la cuisine |

Les noms: Jean   Olivie   Lydie   Pascale   Marc

 Ecris le nom.   *1 Jean

 Complète la phrase: ... **est dans ...**   *1 Jean est dans la salle de bains.

 2 **Parlez!** Les pièces

Travaillez à deux. Préparez des cartes: dessinez 5 symboles pour les pièces.

A *Qu'est-ce que c'est?*   *C'est la salle à manger.* **B**

Continuez ...

3 **Lis!** A coté de ...

Regarde le plan de **1**.

 Vrai ou faux?   * 1 faux

 Faux? Corrige la phrase.   * La salle à manger est à côté de la chambre de Jean

1 La salle à manger est à côté de la chambre de Pascale.
2 La salle de séjour est à côté de la salle de bains.
3 La chambre de Pascale est à côté de la chambre de Jean.
4 La cuisine est à côté de la salle de bains.
5 La salle de bains est à côté de la chambre de Pascale.

4 **Ecoute! 1-5** A côté de ...?

Regarde le plan de .

 Ecris **vrai** ou **faux**.   * *1 vrai*

Ecris une phrase:
Oui, c'est vrai. ou **Non, c'est faux.** * *1 Oui, c'est vrai.*

 **5** **Ecris!** Les pièces

Regarde le plan.

Complète les mots:

1 l_ _u i _i _ e * *1 la cuisine*

4 l_ s _ll_ à m_n g_r

2 _a _ _a _ _ _e _e J_ _ n

5 _a _a _ _e _e _éj_ _ r

3 l_ s_ll_ d_ b _ _ n s

Ecris cinq phrases correctes, en employant **à côté de ...**

* *La salle de bains est à côté de la chambre de Pascale.*

6 **Parlez!** Où est ...?

Travaillez à deux. Cherchez les cartes de **2**.

A Aligne les images.

B Pose 3 questions: *Où est ...?*   **A** Regarde les cartes.   *A côté de ....*

Où est la cuisine?   **B**   *A côté de la salle à manger.*   **A**

Mots-clés

les pièces	the rooms	la salle de séjour	the sitting room
la salle de bains	the bathroom	la chambre de ...	...'s bedroom
la salle à manger	the dining room	à côté de	next to
la cuisine	the kitchen	c'est	it is

2C

Tu téléphones à ton ami/e français/e. Il / elle se plaint qu'il / elle travaille trop. Il / elle ne fait que travailler et dormir.

 1 **Ecoute! 1–7** A quelle heure?

Ecris l'heure.   *1: 7 h

Ecris une phrase: **A ... heures.**   *1: **A sept heures.**

2 **Parlez!** A quelle heure?

Travaillez à deux. Préparez 8 cartes.

Les cartes montrent l'heure: 5, 6, 7, 8, 9, 10, 11 et 12 heures.

A Regarde les cartes.

B Devine! *A huit heures?* **B**   *Non.* **A**

B Devine! *A sept heures?* **B**   *Oui.* **A**

Continuez ...

 3 **Ecoute!** La routine quotidienne

Il faut ...

a se lever   **b** quitter la maison   **c** travailler

d rentrer   **e** se coucher

Ecoute, et mets les images dans le bon ordre.   *e, ...

Ecoute bien l'heure. Trouve les paires.   *e - 1

 **1**    **2**    **3**    **4**   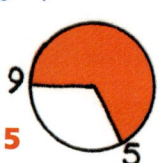 **5**

 **4** **Parlez!** La routine quotidienne

Travaillez à deux. Cherchez vos cartes de **2**.

A Regarde les images **a-e**. Pose une question: *Il faut ... à quelle heure?*

B Choisis une carte. Réponds: *A ... heures.*

Continuez ...

A *Il faut se coucher à quelle heure?*   *A neuf heures.* **B**

A Parle! A quelle heure faut-il: se lever, quitter la maison, travailler, rentrer et se coucher?

* Il faut se lever à six heures, quitter la maison à ...

 **5** **Lis!** A quelle heure faut-il ...?

Trouve les 3 erreurs dans la grille.

	Maxine	Xavier	Marcie	Yannick
se lever	7 h	8 h	7 h	6 h
quitter la maison	9 h	9 h	10 h	10 h
travailler	7 h	9 h - 11 h	11 h - 9 h	6 h
rentrer	5 h	6 h	6 h	7 h
se coucher	11 h	12 h	9 h	12 h

1 Maxine

"Il faut me lever à sept heures, car je dois quitter la maison à huit heures pour aller au centre-ville."

2 Xavier

"Il faut travailler de neuf heures à onze heures samedi."

3 Marcie

"Il faut se coucher à dix heures ce soir. Il faut se lever à six heures demain matin."

4 Yannick

"Il faut travailler jusqu'à six heures aujourd'hui, et il me faut rentrer à sept heures ce soir."

* 1 - Maxine quitter la maison a 9 h

Mots-clés

la routine quotidienne	the daily routine
à quelle heure?	at what time?
à une heure	at 1 o'clock
à deux heures	at 2 o'clock
de trois à quatre heures	from 3 o'clock to 4 o'clock
de l'après midi	in the afternoon
il faut ...	I/you/we have to ...
se lever	get up
quitter la maison	leave the house
travailler	work
rentrer	go home
se coucher	go to bed

2D

Ton / ta partenaire va passer deux semaines en stage dans ton collège. Tu en discutes au téléphone avec ton partenaire.

  1 Ecoute! 1–4 C'est comment?

Mon collège est ...

    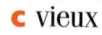 

a grand   **b** petit   **c** vieux   **d** moderne

Complète la phrase: **Il est ...**   * *1 Il est petit.*

  **2 Parlez!**  Ton collège

Travaillez à deux.

A Lis les questions. **B** Réponds.

A *Comment s'appelle ton collège?*   *Mon collège s'appelle (give its name)* **B**

A *Il est comment?*   *Il est (grand, petit) et (vieux, moderne)* **B**

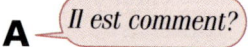 Mémorisez la conversation.

  3 Ecoute! 1–4 Les heures du collège

Ecris l'heure à laquelle on commence et finit.* *1: 9 h - 3 h 30*

On commence à ... du matin		
huit heures et demie	8 h 30	
neuf heures	9 h	

On finit à ... de l'après midi		
trois heures	3 h	
trois heures et demie	3 h 30	

 4 Ecris! Les heures du collège

Recopie l'heure correcte.

* *a huit heures et demie*

 Complète les phrases:
On commence à ...
On finit à ...

* *a On commence à huit heures et demie.*
  b On finit à ...

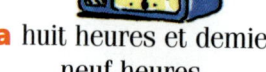
a huit heures et demie
neuf heures

b trois heures et demie
trois heures

c sept heures
neuf heures

d quatre heures et demie
trois heures et demie

5 **Parlez!** Les heures du collège

A Lis la conversation à haute voix avec un partenaire.

A *On commence à quelle heure?*

A neuf heures. **B**

A *On finit à quelle heure?*

A trois heures. **B**

 **B** Change les renseignements soulignés:

	1	2	3	4
On commence à ...	9 h	9 h	8 h 30	8 h 30
On finit à ...	3 h	3 h 30	3 h 30	3 h

6 **Lis et écris!** Deux collèges

a **Les collèges dans notre ville**
Le collège s'appelle le collège Guy Bellet. C'est un vieux collège intéressant, et c'est très petit. En général, on commence d'habitude à huit heures et demie, et l'après-midi on finit à trois heures.

b **Les collèges dans notre ville**
Il s'appelle le collège Binard. Il est assez grand et moderne. Le matin, on commence à neuf heures, et l'après-midi on finit à trois heures et demie.

Pour **a** et **b** réponds aux questions:

- Comment s'appelle le collège?   **Il s'appelle ...**
- Il est comment?   **Il est ...**
- On commence à quelle heure?   **On commence à ...**
- On finit à quelle heure?   **On finit à ...**

Mots-clés

comment s'appelle ton collège?	*what's your school called?*
mon collège s'appelle ...	*my school is called ...*
il est comment?	*what is it like?*
petit	*small*
grand	*large*
vieux	*old*
moderne	*modern*
l'emploi du temps	*the timetable*
les heures du collège	*the school hours*
à quelle heure?	*at what time?*
on commence à ... heures	*we start at ... o'clock*
on finit à ... heures	*we finish at ... o'clock*

2E

Ton / ta partenaire est en stage dans ton collège. On lui pose des questions.

---

 1 Ecoute! 1–5 Des matières

Qu'est-ce que tu fais au collège?

 Ecris **a**, **b**, **c**, etc.   * 1 c

 Ecoute! C'est un homme ou une femme: **il** ou **elle**?

Complète la phrase: **Il fait ...**
Elle fait ...

* 1 *Elle fait du français.*

Je fais ...

a beaucoup de choses   **d** des maths

b de l'anglais   **e** des sciences

c du français   **f** de l'informatique

---

2 Parlez!  Que fais-tu?

Regardez les images. Travaillez à deux.

A *Que fais-tu au collège?*   *Je fais ...* **B**

* *a*   **A** *Que fais-tu au collège?*   *Je fais beaucoup de choses.* **B**

---

 3 Ecoute! 1–5 Qu'est-ce que tu préfères?

Je préfère ...

 Ecris la matière.   * 1 *les sciences*

 Complète la phrase: **Il / Elle préfère ...**   * 1 *Elle préfère les sciences.*

---

4 Parlez! Que préfères-tu?

Travaillez à deux.

 Lisez les conversations à haute voix, en changeant les mots soulignés.

 B Donne des renseignements sur toi. Mémorise la conversation.

* 1   **A** *Que fais-tu?*

Je fais beaucoup de choses. **B**

A *Qu'est-ce que tu préfères?*

Je préfère le français. **B**

Je préfère ...
1 le français
2 les sciences
3 l'anglais
4 les maths
5 l'informatique

5 **Lis!** Un emploi du temps

	lundi	mardi	mercredi	jeudi	vendredi
9 h	les sciences	la religion	l'espagnol	les maths	le français
10 h	le français	les sciences	l'anglais	l'informatique	
11 h 30	l'anglais	la technologie	l'informatique		
13 h 30	les maths	l'anglais			
14 h 30	le sport	les maths			

Réponds aux questions en français.

C'est quelle matière:
a le jeudi à 9 h?   * *les maths*
b le mardi à 10 h?
c le mercredi à 11 h 30?
d le mardi à 13 h 30?

e le vendredi à 9 h?
f le mercredi à 10 h?
g le lundi à 9 h?
h le jeudi à 10 h?

 Ecris l'emploi du temps en anglais.   * *Monday: science, French ...*

6 **Ecris!** Qu'est-ce que c'est?

Complète les mots en français. * *1 le français*

Complète une phrase en français: **Je préfère ...**

* *Je préfère le français.*

1 l* fr*nç**s
2 l*s m*ths
3 l'*ngl**s
4 l*s sc**nc*s
5 l'*nf*rm*t*q**

7 **Ecris!** Qu'est-ce que c'est?

Mets les mots dans le bon ordre.   * *1 Je fais de l'anglais.*
1 l'anglais fais Je de.
2 fais du Je français.
3 préfère Elle sciences les.
4 choses Il de fait beaucoup.
5 au collège tu Que fais-?
6 l'informatique préfère Elle collège au.

Mots-clés

que fais-tu au collège?	what do you do at school?
je fais, il fait, elle fait ...	I do, he does, she does ...
que préfères-tu?	what do you prefer?
je, il, elle préfère ...	I, he, she prefers
des matières	subjects
beaucoup de choses	lots of things
l'anglais	English
l'informatique	IT
le français	French
les maths	maths
les sciences	science

ENTREPRISE INDIVIDUELLE 2

You are on work experience in an estate agent's in England. A French couple asks for information about a house / flat. They also want to know about local schools for their teenage children. You give them your opinion, based on a school you know well.

  A **Un appartement ou une maison**

Il y a un appartement ou une maison à vendre.

Dessine un plan simple.   ◀◀ à la page 24 **1**

Ecris des renseignements!

C'est ...
- un appartement ou une maison?   ◀◀ à la page 22 **1**
- grand/e ou petit/e?

Il y a combien de pièces?   ◀◀ à la page 23 **4**

Quelles sont les pièces?   ◀◀ à la page 24 **2**

Century 21®

8, rue Saint Pierre 14000 CAEN

TOUS LES SERVICES
Maisons - Appartements

VILLENEUVE-D'ASCQ
Maison individuelle 4 chambres, 2 salle de bains, salle de séjour, 40m², cuisine équipée, garage 2 voitures, très beau jardin.
tel. 20.21.23.20

 **B** **Le collège**

On te pose ces 3 questions.

Travaillez à deux. Préparez les réponses. Apprenez la conversation.

Comment s'appelle le collège? ◀◀ à la page 28 **2**

C'est comment? ◀◀ à la page 28 **2**

A quelle heure faut-il commencer et finir? ◀◀ aux pages 28, 29 **3** **5**

Collège Guy Bellet

Collège Binarol

 **C** **Ecris!** Tes cours

Que fais-tu au collège? ◀◀ à la page 30 **2**

Que préfères-tu? ◀◀ à la page 30 **4**

Complète ton emploi du temps. ◀◀ à la page 31 **5**

Coche (✓) les 2 cours que tu préfères.

MOTS EXTRA

une maison jumelée	*a semi-detached house*	l'histoire	*history*
une maison individuelle	*a detached house*	la géographie	*geography*
la salle à douche	*the shower room*	le dessin	*art*
le jardin	*the garden*	la biologie	*biology*
la terrasse	*the patio*	la chimie	*chemistry*
un collège mixte	*a mixed school*	la physique	*physics*
pour des garçons	*for boys*	l'allemand	*German*
pour des filles	*for girls*	l'espagnol	*Spanish*
l'éducation physique	*PE*	la religion	*RE*
le sport	*games*		

Mini-test 2

  1 Ecoute! 1–3 Où habitent-ils?

Ecoute les renseignements.

- C'est quelle image? Ecris la bonne lettre: **a-d**
- Et les pièces? Mets les images **(e-i)** dans le bon ordre. *1 b: f, …

a   b   c   d

e   f   g   h   i

2 Parle! La maison   *A toi!*

Réponds aux questions. Mémorise les réponses.

> *Où habites-tu?*

> *Il y a combien de pièces?*

> *C'est …*

> *C'est grand / grande ou petit / petite?*

> *Quelles sont les pièces?*

> *Il y a …*

> *J'…*

> *La …*

EXTRA!

Parlez! Au boulot

Répondez aux questions. Mémorisez les réponses.

A   *Parle-moi de ta routine quotidienne en stage:*
- *que faut-il faire?*
- *à quelle heure?*

> *Il faut …*   B

> *A …*

Les passe-temps

You work in a leisure resort. Your boss is impressed with you and wants you to plan a day's fun activities for a group of French visitors.

IN THIS UNIT, you will learn to talk about sports and social events, including your own favourite pastimes.

WHAT IF you are a working as a tour leader for French visitors?

This unit will help you to

★ *arrange to see a new friend again*
★ *collect information on people's favourite pastimes*
★ *help French visitors book tickets for an excursion*
★ *give information to French customers at a sports centre*
★ *compare notes on films and TV programmes.*

BUT FIRST, read this story. Nathalie works in a sports centre and seems to be a sports fanatic. But what does she do in her spare time?

Au complexe sportif

Nathalie travaille à la réception d'un complexe sportif.

Au complexe sportif: quelques questions

 **1** **Lis et comprends l'histoire!**

 **2** **Lis! Qui aime faire quoi? Trouve les paires.** *a - j*

qui?	quoi?
a 2 adultes	**g** nager
b 1 adulte, 2 enfants	**h** la télé
c 5 enfants	**i** le tennis
d 1 adulte	**j** le badminton
e Henri	**k** la musculation
f Nathalie	**l** du roller

 **3** **Ecris! Recopie et corrige les phrases.**

a J'aime jouer au badminton, au tennis aussi.

a J'aime jouer au badminton, au rugby aussi.
b J'aime faire du roller, c'est super!
c C'est mon complexe favori.
d Un billet, s'il vous plaît, pour nager.
e Non merci, Henri, je ne mange pas.
f Il y a un film d'horreur!

  4 **Théâtre! Travaillez à trois ou quatre. Jouez les rôles.**

Tu as un nouveau copain / une nouvelle copine. Tu arranges un rendez-vous.

 1 **Ecoute! 1–6** On se voit demain?

✔ oui	✘ non
bonne idée	je ne peux pas
oui, bien sûr	non, merci

⊚ Indique ✔ ou ✘.   * 1 ✘

⊚ ⊚ Ecris aussi les mots.   * 1 ✘ - non, merci!

2 **Parlez!** On se voit demain: oui ou non?

Préparez un tas de 8 cartes. Ecrivez **oui** sur 4 cartes, et **non** sur les autres 4.

A (On se voit demain?)

B Regarde les cartes.

Réponds: (Oui! Bonne idée!) ou (Oui, bien sûr!)

(Non! Je ne peux pas!) ou (Non, merci!)

 3 **Ecoute!** Tu veux …?

Tu veux …?

a faire une promenade

b faire du roller

c aller au cinéma

d aller à une soirée

Mets les lettres dans le bon ordre.   * b, …

4 **Parlez!** Tu veux ...?

Apprenez la conversation:

A *On se voit demain?*   *Oui, bonne idée!* **B**

A *Tu veux faire une promenade?*   *Non, je ne peux pas!* **B**

A *Tu veux aller au cinéma?*   *Oui, bien sûr!* **B**

  Changez les mots soulignés:

a   **b**  **c**

5 **Lis!** On se voit: oui ou non?

Lis les messages codés.

   Ecris **oui** ou **non**.   *a oui*

   Ecris aussi le message.   *a oui, bien sûr*

a bxixexnxsxûxr
b joeonoeopoeouoxopoaos
c baoananaeaiadaéae
d nxoxnxmxexrxcxi

6 **Ecris!** Deux fax

Ces fax sont difficiles à lire! Recopie-les et remplis les blancs.

a

b

Mots-clés

on se voit demain?	shall we meet tomorrow?
bonne idée	good idea
bien sûr	yes, of course
je ne peux pas	I can't
non, merci	no thank you
tu veux ...?	do you want ...?
faire une promenade	to go for a walk
faire du roller	to go roller-blading
aller au cinéma	to go to the cinema
aller à une soirée	to go to a party

Tu as fait un sondage d'opinion pour le journal de ta ville: Quels sont les passe-temps favoris?

 **a** faire du vélo

 **b** jouer aux jeux vidéo

 **c** jouer au tennis

 **d** aller en ville

 **e** aller en boîte

 **f** regarder la télé

 1 **Ecoute!** **1–6** Tu aimes ...?

  J'aime ....

  Je n'aime pas ....

Dessine ou .   *1

 2 **Ecoute!** **1–6** Quels sont tes passe-temps favoris?

Recopie et complète la grille. Regarde les images **a-f**.

🐌 Ecris **a**, **b**, **c**, etc.

🐌 🐌 Ecris le bon mot français.

	☺
1	*🐌 a *🐌 🐌 vélo
2	
3	
4	
5	
6	

 3 **Parlez!** _A toi!_ Tu aimes ...?

Regardez les images **a-f**.

A Pose une question: _Tu aimes ...?_

B Réponds: _Oui, j'aime ..._ ou _Non, je n'aime pas ..._

Répétez pour les autres passe-temps!

A _*Tu aimes faire du vélo?_ _*Oui, j'aime faire du vélo._ **B**

🐌 🐌 **B** Donne 2 réponses avec **mais**. (mais = _but_)

* Oui, j'aime faire du vélo, mais je n'aime pas aller en boîte.

 **4 Lis!** Des passe-temps favoris

Lis les trois lettres. Réponds aux questions …

 en un mot.   * 1 Clarisse

  en une phrase.   * 1 Clarisse aime faire du vélo.

Qui aime …
1 faire du vélo?
2 aller en ville?
3 aller en boîte?

Qui aime jouer …
4 aux jeux vidéo?
5 au tennis?

Qui n'aime pas …
6 aller en ville?
7 regarder la télé?
8 jouer au tennis?

> Le week-end, j'aime bien aller en boîte, mais pendant la semaine je préfère rester chez moi et jouer aux jeux vidéo. Je n'aime pas les activités sportives, le tennis, par exemple.
>
> **Sandrine**

> Moi, j'aime bien aller en ville et j'aime les activités sportives. J'aime jouer au tennis. Je n'aime pas du tout regarder la télé ou jouer aux jeux vidéo. Non, je n'aime pas ça.
>
> *Cédric*

> Mon passe-temps favori c'est faire le vélo. J'adore ça! Mais je vais toujours à la campagne. Je n'aime pas aller en ville!
>
> **Clarisse**

5 Ecris! Un sondage

Regarde le camembert. Ecris les passe-temps favoris.   * 7% - faire du vélo

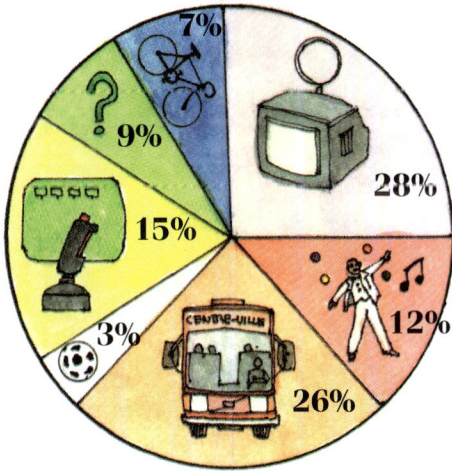

Mots-clés

les passe-temps favoris	*favourite pastimes*	jouer au tennis	*to play tennis*
tu aimes …?	*do you like …?*	jouer au football	*to play football*
j'aime …	*I like …*	aller en ville	*to go into town*
je n'aime pas …	*I don't like …*	aller en boîte	*to go to a nightclub*
faire du vélo	*to go cycling*	regarder la télé	*to watch the TV*
jouer aux jeux vidéo	*to play video games*		

3C

Tu es en stage dans une agence de voyages en Grande-Bretagne. Un groupe de français veut réserver des billets pour une excursion.

 1 **Ecoute! 1–4** Il faut réserver?

Ecris **oui** ou **non**.

* *1 non*

 2 **Ecoute! 1–6** C'est pour qui?

C'est pour …

des adultes
des enfants
un groupe

Recopie et complète la grille.

◎   Mets un ✔.

◎ ◎   Indique: combien?

	adultes	enfants	un groupe
1	* ◎ ✔		
	◎ ◎ 2		
2			
3			
4			
5			
6			

 3 **Parlez!** Des billets, s'il vous plaît

Travaillez à deux. Apprenez la conversation: **A** *Il faut réserver?*

Oui. **B**

A *Des billets, s'il vous plaît.*

 4 **Parlez!** C'est pour qui?

Continuez la conversation de **3**.   *C'est pour qui?* **B**   **A** *C'est pour des adultes.*

◎ ◎ **B** Change les mots soulignés. Donne le nombre d'adultes et d'enfants:

B * *C'est pour trois adultes*

  a    **b**    **c**    **d**    **e**

 **5** **Lis!** Ça fait combien?

Lis les deux tarifs. Réponds aux questions.

Le théâtre

adultes	100 F
enfants de 6 ans à 14 ans	60 F
groupes de 10 personnes	90 F

Le complexe sportif

adultes	80 F
enfants de 6 ans à 14 ans	40 F
groupes de 10 personnes	70 F

Au théâtre
C'est combien pour ...
a un enfant? * a: 60 F
b un adulte?
c un adulte dans un groupe de 10 personnes?
d un adulte et un enfant?

Au complexe sportif
Ç'est combien pour ...
e 2 adultes?
f 2 enfants?
g un groupe de 10 adultes?
h 2 adultes et un enfant?

 **6** **Ecris!** Comment?

Débrouille les phrases. Recopie-les dans le bon ordre.   * 1 Il faut réserver?

1 réserver faut Il?
2 qui pour C'est?
3 pour C'est adulte un.
4 enfants deux C'est pour.
5 un C'est groupe pour enfants dix de.

Mots-clés

il faut réserver?	*do I need to book?*
c'est pour qui?	*who is it for?*
un billet, des billets	*one ticket, (some) tickets*
c'est pour ...	*it is for ...*
un adulte, des adultes	*one adult, (some) adults*
un enfant, des enfants	*one child, (some) children*
un groupe	*a group*
c'est combien?	*how much is it ?*

3D

Tu travailles dans un complexe sportif en Grande-Bretagne. Un groupe de français te pose des questions.

On peut jouer ...

a au tennis

b au badminton

c au volley

On peut ...

d nager

e faire de la musculation

f faire du bowling

1 Ecoute! Au complexe sportif

Regarde les images.

◉ Mets les images dans le bon ordre.   * c, ...

◉◉ Ecris les mots des sports dans le bon ordre.   * volley, ...

2 Parlez! Au complexe sportif

Travaillez à deux. Ecrivez les activités **a-f** sur des cartes.

A Pose la question: (*Que peut-on faire ici?*)

B Regarde les cartes. Réponds: * (*Nager*) ou (*Jouer au tennis*) etc.

3 Ecoute! 1–6 Que peut-on faire ici?

Ecris **a**, **b**, **c**, etc.   * 1 c, e

◉◉ Puis écris les mots.   * 1 jouer au volley, faire de la musculation

4 **Parlez!** Que peut-on faire ici?

Travaillez à quatre.

A — *Que peut-on faire ici?*

B — *Nager.*

C — *Nager et jouer au tennis.*

Nager, jouer au tennis et faire du bowling. — D

Continuez ...

 5 **Lis!** On peut ... ici?

Regarde le tarif du complexe sportif.

Réponds aux questions. Ecris **oui**, **non** ou **?** *¹ non*

Dans ce complexe sportif, est-ce qu'on peut ...?
1 nager?
2 jouer au tennis?
3 faire du bowling?
4 faire de la musculation?
5 jouer au badminton?
6 jouer au volley?

SPORTS et DÉTENTE
Aérobic
Badminton
Billard
Bowling
Équitation
Location de vélos
Jeux vidéo
Gymnase
Pêche
Tennis couvert/extérieur

 **6** **Lis!** Quelques activités brouillées

Cherche 5 activités. Recopie-les en français. ** nager*

jouer   faire   jouer   de la musculation   faire   nager
au volley   au badminton   du bowling

Mots-clés

que peut-on faire ici?	*what is there to do here?*
on peut ...	*you can ...*
faire de la musculation	*do fitness-training*
faire du bowling	*go bowling*
nager	*swim*
jouer ...	*play ...*
au volley	*volleyball*
au tennis	*tennis*
au badminton	*badminton*

3E

Tu es en stage en France. Tu discutes des émissions de télévision avec un copain / une copine.

 1 Ecoute! 1–5 A la télé aujourd'hui

Regarde le guide-télé. Ecris l'heure.

 C'est quoi? Ecris le mot français aussi.

* 1: 17.50

* 1: 17.50 - un film

Votre guide-télé du 10 août.

13.30 **VAS-Y MAMAN** *Comédie*	17.50 **Film: CAP DANGER**
14.15 **POPEYE** *Dessin animé*	20.45 **CADFAEL** *Policier*
14.30 **La météo**	21.50 **JOURNAL**
14.35 **UNE DÉLICATE AFFAIRE** *Feuilleton*	22.15 **UNE PASSION MEXICAINE** *Documentaire*

---

 2 Ecoute! 1–5 Des erreurs!

Cherche les 3 erreurs!

Ecris l'heure de l'erreur. ** 14.15*

 Explique l'erreur aussi. ** 14.15 un film policier? Non! dessin animé!*

3 Parlez! C'est quoi?

TV Extra		
17.25	Weather	la météo
17.30	Far and Away	un feuilleton
18.00	Leopards at large	un documentaire
18.25	Fievel goes East	un dessin animé
19.30	Inspector Morose	un film policier
20.45	Judge Bredd	un film
22.30	Newsnight	un journal
23.00	Men behaving madly	une comédie

Regardez le guide TV Extra.

A Far and away; *c'est quoi?* Un feuilleton. **B**

Continuez ...

 Cachez les mots français.

4 **Parlez!**   Qu'est-ce qu'il y a à la télé?

Regardez le guide TV Extra.

A Pose la question: *Qu'est-ce qu'il y a à la télé?*

B Choisis une émission.   **Far and away.*

A   *C'est quoi?*   **B** Réponds: *C'est un feuilleton.*

Continuez …

 5 **Ecris!**   Qu'est-ce qu'il y a à la télé?

Cherche 7 émissions. Recopie-les en français.   ** un film*

| maiun films moie | unecomédiej epundessina nimé | réfèrelejo urnaletlam étéoreg | unfeuilleton ardundocu mentaireer |

 6 **Lis!**   C'est quoi?

Recopie et complète la grille avec **oui** ou **non**.
Lis et regarde la liste d'émissions.

Il y a …

a	une comédie?	
b	un dessin animé?	
c	un documentaire?	
d	un feuilleton?	
e	un film?	
f	la météo?	** non*
g	le journal?	
h	un film policier?	

La télé ce soir
Je propose *Bonjour Babar*, un petit dessin animé pour les enfants. Puis il y a le feuilleton *La vie à cinq*. Et après ça, il y a deux films: *Retour de Batman* et *Fort Saganne*. Finalement, *téléjournal* avec le reportage du grand match à Lille.

Mots-clés

qu'est-ce qu'il y a à la télé?	*what is on the TV?*	le journal	*the news*
il y a …	*there is …*	la météo	*the weather*
une émission	*a programme*	un dessin animé	*a cartoon*
c'est quoi?	*what is it?*	un documentaire	*a documentary*
c'est …	*it is …*	un feuilleton	*a soap*
un film	*a film*	une comédie	*a comedy*
un film policier	*a detective film*		

ENTREPRISE INDIVIDUELLE 3

You are on work experience in a holiday park. Your task is to arrange a day's leisure activities for a group of French visitors. You fax them a choice of sports, social events and films.

 **A** ## Une liste de passe-temps

Prépare une liste de six sports et passe-temps sous le titre:

On peut ...
(On peut faire ..., On peut aller ..., On peut jouer ... etc.)

◀◀ aux pages 38-39, 40-41, 44-45

 **B** ## Tes opinions

Un copain / une copine te donne sa liste de sports et de passe-temps préférés.

Que penses-tu des activités sur la liste?

Ecris une phrase en français pour chaque activité.

◀◀ à la page 38 **2**

Commence les phrases par:

> *Bonne idée, j'aime ...*
>
> *Non merci, je n'aime pas ...*
>
> *Non, je ne peux pas ...*
>
> ou
>
> *Mon passe-temps favori est ...*

Sébastien
DECAP

Âge: 20 ans
Taille: 1,93m
Poids: 95 kilos
Yeux: marron
Cheveux: châtains
Passe-temps: rugby, basket-ball, musique

Jérôme
LAUDER

Âge: 17 ans
Taille: 1,87m
Poids: 77 kilos
Yeux: verts
Cheveux: châtains
Profession: étudiant
Passe-temps: tennis, ski, natation, cinéma

C Au cinéma

Trouve un film pour chaque catégorie: **A**, **B** et **C**.  aux pages 46-47

Le ciné-club

A Film policier: ....

B Dessin animé: ....

C Comédie: ....

Puis écris **pour adultes** ou **pour enfants** après chaque film.

La Cinquième

MOTS EXTRA

j'aime ...	*I like*	faire de la photographie	*photography*
sortir	*going out*	faire de la cuisine	*cooking*
avec mes copains/copines	*with my friends*	aller à la pêche	*going fishing*
la lecture	*reading*	danser	*dancing*
la musique	*music*	les voyages	*travelling*
faire du shopping	*going shopping*		

Mini-test 3

 1 **Lis!**  A la télé

Lis le programme. Cherche 2 émissions à voir.

Ecris les émissions, et pourquoi.

(En anglais, si tu veux!)

* *"La liste noire" - I like detective films.*

 2 **Parlez!** En stage au complexe sportif

Préparez la conversation:

A *Qu'est-ce qu'on peut faire au complexe sportif?*

B Donne quatre activités. *On peut ...*

COMPLEXE SPORTIF DE ROUVILLE

Venez ici! Nous avons tout ce que vous voulez!

Renseignements: tél: 24.64.44.24

EXTRA!

 Parlez! Que veux-tu faire?

A *Qu'est-ce que tu aimes?*

B Donne quatre passe-temps. *J'aime ...*

Manger et boire

You're going to a restaurant in France on work experience. You're thinking about the tasks you'll be doing: arranging a picnic for ten, explaining the menu to an English customer ... Can you do it?

IN THIS UNIT, you will find out how to shop for food in France and order from menus.

WHAT IF you need to ring in saying you are sick?

This unit will help you to

★ *understand phone numbers and check bills*
★ *sell snacks in a beach kiosk*
★ *buy your lunch in a French works canteen*
★ *arrange a picnic for a group of visitors*
★ *help a hotel guest who's taken ill.*

BUT FIRST, read this story. Richard is on work experience in an English hotel when a French guest is taken ill. Richard is there to interpret for him – but are all their jobs on the line?

Malade!

Richard travaille dans un hôtel anglais. Un français est malade. Heureusement, Richard peut interpréter.

Malade!: quelques questions

1 **Lis et comprends l'histoire!**

2 **Lis! Voilà le menu du restaurant.**

Le jeune malade - qu'est-ce qu'il a mangé? Ecris les lettres.   * *e, ...*

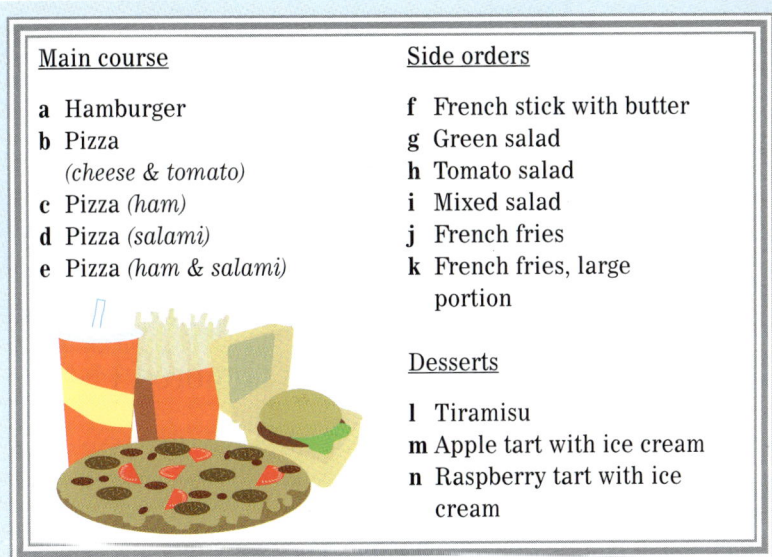

Main course

a Hamburger
b Pizza
   (cheese & tomato)
c Pizza *(ham)*
d Pizza *(salami)*
e Pizza *(ham & salami)*

Side orders

f French stick with butter
g Green salad
h Tomato salad
i Mixed salad
j French fries
k French fries, large portion

Desserts

l Tiramisu
m Apple tart with ice cream
n Raspberry tart with ice cream

3 **Vrai ou faux?**

a Il a mal à la tête.

Il boit:

b une bouteille de vin rouge
c une bouteille de vin blanc
d un café

Le docteur dit:

e "Ne fumez pas!"
f et "Ne mangez rien!"

  4 **Théâtre! Travaillez à trois. Jouez les rôles!**

4A

French numbers follow a similar pattern to English numbers, except in French you say "twenty-and-one, twenty-two …".

But at the magic number 70 the pattern changes. In English the numbers would be "sixty-nine (69), sixty-ten (70), sixty-eleven (71) … sixty-nineteen (79), four-twenties (80), four-twenty-one (81) … four-twenty-nine (89), four-twenty-ten (90), four-twenty-eleven (91).

It takes a bit of getting used to!

1	2	3	4	5	6	7	8	9	10	11	12
un	deux	trois	quatre	cinq	six	sept	huit	neuf	dix	onze	douze

13	14	15	16	17	18	19	20	21
treize	quatorze	quinze	seize	dix-sept	dix-huit	dix-neuf	vingt	vingt-et-un

1 Ecoute! Combien de kilos? (Les nombres 1-12)

Ecris les nombres dans le bon ordre.   * 3, …

◎ ◎ Puis écris les mots.   * trois, …

2 Ecoute! Combien de litres? (Les nombres 11-21)

Ecris les nombres dans le bon ordre.   * 14, …

◎ ◎ Puis écris les mots.   * quatorze, …

3 Parlez! Les nombres 0-21

Travaillez à deux ou en groupe.

Apprenez les nombres.   *A (1)   B (2)   C (3)

ou   *A (1)   B (3)   C (5)

◎ ◎ Ajoutez **kilos** ou **litres, s'il vous plaît.**

* A (2 kilos, s'il vous plaît.)   B (4 kilos, s'il vous plaît.)   C (6 kilos, s'il vous plaît.)

Continuez …

4 Ecoute! Les nombres 20, 30, 40, 50, 60, 70, 80, 90, 100

20	30	40	50
vingt	trente	quarante	cinquante

60	70	80
soixante	soixante-dix	quatre-vingts

90	100
quatre-vingt-dix	cent

Loto! Qui gagne? **a**, **b** ou **c**?
Recopie les numéros. Ecoute et coche (✔) les bons numéros.

a

20	40	50	80

b

40	60	70 ✔	100

c

20	30	*70 ✔	90

 **5** **Parlez!** Les nombres 20, 30, 40, 50, 60, 70, 80, 90, 100

Regardez les nombres de **4**.
Travaillez à deux ou dans un groupe. Apprenez les nombres.

A *20* **B** *20, 30* **C** *20, 30, 40*

Continuez …

🌀🌀 Demandez l'addition: **A** *L'addition, s'il vous plaît.* *20 francs.* **B**

A *Merci. Voilà.*

L'addition, s'il vous plaît
In a shop, always look at the till display to check what you hear. In a restaurant look at the bill. But in many cases you will just have to listen carefully. Check you have heard correctly - just say the number you thought you heard - and make it into a question. Ignore the centimes - just add on an extra franc.

 **6** **Lis!** L'addition, s'il vous plaît. (Les nombres 1-100)

Regarde la liste de nombres que te donne ton prof.

Ecris l'addition. * *a 27 F*

a Vingt-sept francs.
b Trente-et-un francs.
c Quarante-neuf francs.
d Cinquante-deux francs.
e Soixante-huit francs.

f Soixante-treize francs.
g Quatre-vingt-sept francs.
h Quatre-vingt-onze francs.
i Cent francs.

  7 **Ecris!** Les nombres 1-100

Tu vas aux magasins et tu écris des chèques. Regarde ta liste de nombres.

Ecris les prix en lettres. * *a vingt-deux francs*

a 22 F   **d** 55 F   **g** 88 F
b 33 F   **e** 66 F   **h** 99 F
c 44 F   **f** 77 F   **i** 100 F

Mots-clés

combien?	*how much, how many?*
un kilo	*one kilo*
un litre	*one litre*
l'addition	*the bill*

4B C'est l'été! Tu travailles en France dans un kiosque à la plage.

a Un paquet de biscuits, s'il vous plaît!

h Une bouteille de vin blanc, s'il vous plaît!

b Un paquet de chips, s'il vous plaît!

g Une bouteille de vin rouge, s'il vous plaît!

c Un sandwich au fromage, s'il vous plaît!

f Une boîte d'eau minérale, s'il vous plaît!

d Un sandwich au jambon, s'il vous plaît!

e Une boîte de limonade, s'il vous plaît!

 1 Ecoute! Vous désirez?

Mets les bulles dans le bon ordre. * d, …

Entrez dans le Club!

2 Parlez! Vous désirez?

Travaillez à quatre. Regardez l'image.

Choisissez 2 bulles. Jouez les rôles.

A *Un paquet de biscuits, s'il vous plaît!*

Une bouteille de vin rouge, s'il vous plaît!

Apprenez les bulles avec **et**.

A *Un paquet de biscuits, et une bouteille de vin rouge, s'il vous plaît!*

 3 Ecoute! 1–6 Tu aimes …?

Dessine ☺ ou ☹. * 1 ☺

Ecris les mots aussi. * 1 ☺ les biscuits

Tu aimes …?	
Oui, j'aime …	Non, je n'aime pas …
☺	☹

les biscuits
les chips
l'eau minérale
la limonade
le vin rouge
le vin blanc
le fromage
le jambon

 **Parlez!** Tu aimes ...?

Regardez la grille **Tu aimes** ...?

A Pose une question. **A** 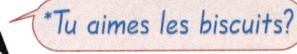 *Tu aimes les biscuits?*
B Réponds.

 Oui, j'aime les biscuits. **B**

 Oui, j'aime les biscuits. Je n'aime pas ... **B**

Continuez ...

 **Lis!** A la plage

Des copains sont à la plage. Ils discutent de ce qu'ils veulent manger.

Ecris les 5 choses qu'ils vont acheter au kiosque. ** sandwich au fromage, ...*

Alain

Eh bien, pour moi, un sandwich au fromage, et une boîte d'eau minérale.

Je n'aime pas le vin. Non, pour moi, de l'eau minérale.

De l'eau minérale et une limonade.

Et un paquet de chips?

Martine

Tu ne veux pas de vin rouge ou de vin blanc?

Bon, de l'eau minérale. Et pour moi, une limonade.

Et un sandwich? Je n'aime pas le fromage. Un sandwich au jambon, je crois.

Non, un paquet de biscuits.

Ecris! Un menu

Tu travailles dans un kiosque. Ecris un menu.

Kiosque de la plage
sandwich au jambon

Mots-clés

tu aimes ...?	*do you like ...?*	au fromage	*cheese*
j'aime ...	*I like ...*	au jambon	*ham*
je n'aime pas ...	*I don't like ...*	une boîte ...	*a can ...*
vous désirez?	*what can I get you?*	d'eau minérale	*of mineral water*
un paquet ...	*a packet ...*	de limonade	*of lemonade*
de biscuits	*of biscuits*	une bouteille ...	*a bottle ...*
de chips	*of crisps*	de vin rouge	*of red wine*
un sandwich ...	*a ... sandwich*	de vin blanc	*of white wine*

4C *Tu travailles en France. Tu vas à la cantine avec ton / ta partenaire*

a un hamburger

b une pizza

c une salade

d une grande portion de frites

e une portion normale de frites

f une glace

g un coca

h un café

---

1 Ecoute! 1–6 Qu'est-ce que c'est?

Ecris **a**, **b**, **c**, etc.

1 e

   Puis écris les mots.

1 une portion normale de frites

---

2 Parlez! Qu'est-ce que c'est?

Travaillez à deux. Préparez des cartes. Dessinez les images **a-h**.

Regardez les cartes. Changez les mots soulignés.

A *Vous désirez?*   *Un hamburger, s'il vous plaît.* **B**   **B** *Voilà!* **A**   *Merci.* **B**

Continuez …

   B Demande 2 choses: *Un hamburger et des frites, s'il vous plaît.*

---

3 Ecoute! 1–5 Vous désirez …?

Regarde **a-h 1**. Puis recopie la grille et complète-la.

	a	b	c	d	e	f	g	h
1	✔			✔			✔	
2								
3								
4								
5								

 **4 Lis!** Au restaurant fast-food

Lis le menu. Réponds aux questions.

C'est combien ...
a une glace et un coca? *a 29 F (13 F + 16 F)*
b un hamburger et une grande portion de frites?
c une pizza et une salade?
d 2 cocas?
e une salade et un hamburger?
f une portion normale de frites et un coca?
g une pizza et un café?

Fast Montauban	
Nous offrons ...	
hamburger	20 F
une grande portion de frites	15 F
une portion normale de frites	10 F
pizza	25 F
salade	18 F
glaces	13 F
coca	16 F
café	12 F

 **5 Parlez!** Vous désirez?

Travaillez à deux. Regardez le menu de 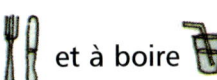.

A *Bonjour. Vous désirez?*

B Choisis quelque chose à manger et à boire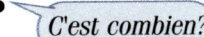

B *Un hamburger, une portion normale de frites - et un coca, s'il vous plaît.*

A *Un hamburger, une portion normale de frites - et un coca: voilà!*

B *Merci!*

 B *C'est combien?* **A** (Regarde le menu si tu veux!) *C'est ... francs.* **A**

 **6 Ecris!**  Au restaurant fast-food

Tu vas au Montauban. Regarde le menu de 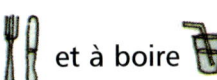.
Recopie et remplis la bulle. Ecris 3 ou 4 choses.

Vous désirez?

* Une pizza ... s'il vous plaît.

C'est combien? C'est ... francs.

Mots-clés

vous désirez?	*what can I get you?*
c'est combien?	*how much is it?*
un hamburger	*a hamburger*
une grande portion de frites	*a large portion of chips*
une portion normale de frites	*a normal portion of chips*
une salade	*a salad*
une pizza	*a pizza*
une glace	*an ice cream*
un coca	*a Coke*
un café	*a coffee*

4D

Tu vas organiser un pique-nique pour tes visiteurs français. Tu décides avec eux ce qu'il faut acheter.

a une baguette   **c** du fromage

b du beurre

d du saucisson

f des pommes

e des tomates

1 Ecoute! 1–6 Qu'est-ce que c'est?

Mets les images dans le bon ordre.   * b, ...

Mets les mots dans le bon ordre.   * du beurre, ...

2 Parlez! Vous désirez?

Travaillez à quatre. Regardez les images.

Demandez quelque chose à manger .

A *Une baguette, s'il vous plaît.*

Du beurre, s'il vous plaît. **B**

Du fromage, s'il vous plaît. **C**

Continuez ...

Demandez 2 ou 3 choses à manger.
   * Une baguette et du beurre, s'il vous plaît.

3 Ecoute! 1–6 Combien de tomates ou de pommes?

un kilo   une livre    une demi-livre

Ecris combien: **1 kg**, **500 g** ou **250 g**.   * 1: 250 g

Ecris **de tomates** ou **de pommes** aussi.   * 1: 250 g de tomates

4 **Parlez!** Vous désirez?

Travaillez à deux.

Apprenez la conversation. **A**

Vous désirez?

Un kilo de pommes, s'il vous plaît. **B**

A *Voilà!*

Et une demi-livre de tomates. **B**

A *Voilà!*

Merci! **B**

 **B** Change les mots soulignés.

	combien?	de quoi?
1	1 kg	de pommes
2	500 g	de pommes
3	250 g	de fromage
4	500 g	de beurre

et ...

combien?	de quoi?
250 g	de tomates
500 g	de tomates
1 kg	de pommes
250 g	de saucisson

5 **Lis!** 3 listes de courses

Lis les listes!

Regarde les images. Trouve les paires. ** A - 1? 2? 3?*

Réponds aux questions. ** a - 3*

Quelle image a ...
a du beurre?
b un kilo de pommes?
c une baguette
d deux baguettes?
e une livre de tomates?
f une livre de pommes?

A
2 baguettes
du fromage
1 kg de pommes

B
une baguette
du beurre
500 g de tomates

C
250 g de saucisson
2 baguettes
500 g de pommes

1 **2** **3**

 6 **Ecris!** Un pique-nique

Ecris 2 listes de courses pour un pique-nique.
- une liste végétarienne
- une liste pas végétarienne

Mots-clés

un pique-nique	*a picnic*	des pommes	*apples*
une baguette	*a French stick*	un kilo	*a kilo*
du beurre	*butter*	une livre	*a pound*
du fromage	*cheese*	une demi-livre	*half a pound*
du saucisson	*salami*	vous désirez?	*what can I get you?*
des tomates	*tomatoes*	voilà!	*there you are!*

4E

Tu travailles dans un hôtel en France. Un visiteur français est malade. Tu l'aides à chercher un médecin.

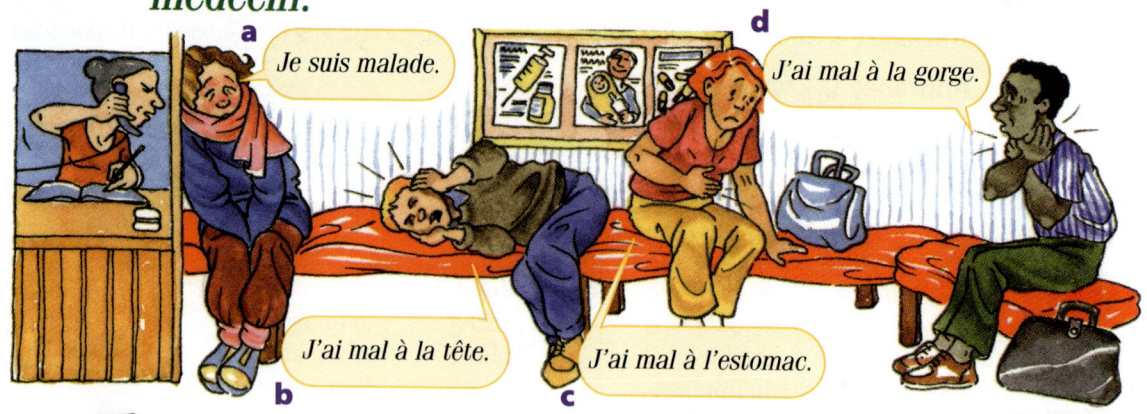

a Je suis malade.
d J'ai mal à la gorge.
b J'ai mal à la tête.
c J'ai mal à l'estomac.

1 Ecoute! 1–6   Qu'est-ce qu'il y a?

Ecris **a**, **b**, **c** ou **d**.   * 1 b

Ecris des mots aussi.   * 1 b, tête

2 Parlez!   Qu'est-ce qu'il y a?

Travaillez à deux.

Apprenez deux bulles **a-d**.

A *Un médecin!   *Qu'est-ce qu'il y a? **B**

A *Je suis malade.   et   *J'ai mal à la tête.

Apprenez les 4 bulles, si possible!

3 Ecoute! 1–4   Que faire?

Recopie la grille. Complète-la.

Ne mangez rien!   Ne fumez pas!   Ne buvez pas d'alcool!   Buvez beaucoup d'eau!   Restez au lit!

	v	w	x	y	z
1				*✔	✔
2					
3					
4					

4 **Parlez!** Que faire?

Travaillez à deux. Apprenez les bulles **v**, **w**, **x**, **y** et **z**.

Puis lisez la conversation à haute voix.

A *Bonjour docteur.*   *Bonjour. Qu'est-ce qu'il y a?* **B**

A *J'ai mal à la gorge.*   *Ne fumez pas! Restez au lit.* **B**

A *Merci, au revoir.*

Changez les mots soulignés. Jouez les rôles.

5 **Lis!** Qu'est-ce qu'il y a? Que faire?

Regarde les images **1-8**.

Trouve les 8 paires.

* a - 3

a J'ai mal à l'estomac.
b Restez au lit!
c Ne fumez pas!
d Ne mangez rien!
e J'ai mal à la gorge.
f Buvez beaucoup d'eau!
g Ne buvez pas d'alcool!
h J'ai mal à la tête.

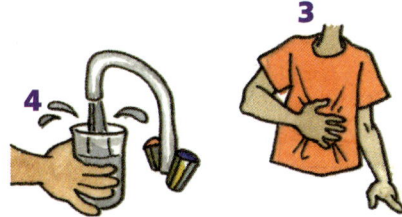

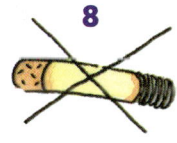

Mots-clés

le docteur	*the doctor*
le médecin	*the doctor*
qu'est-ce qu'il y a?	*what's the matter?*
je suis malade	*I am ill*
j'ai ...	*I have ...*
mal à la tête	*a headache*
mal à l'estomac	*a stomach-ache*
mal à la gorge	*a sore throat*
que faire?	*what should I do?*
ne mangez rien	*don't eat anything*
ne fumez pas	*don't smoke*
buvez beaucoup d'eau	*drink lots of water*
ne buvez pas d'alcool	*don't drink any alcohol*
restez au lit	*stay in bed*

ENTREPRISE INDIVIDUELLE 4

You are on work experience in France. First you have a meal in the canteen with a colleague, then your task is to arrange a picnic for ten visitors. Finally you have to cope when you get ill.

A **A la cantine**

Tu vas à la cantine avec un/e collègue. Ton / ta collègue est végétarien/ne. Regarde le menu que te donne ton prof.

Marque d'un **V** ce qu'il / elle peut manger ou boire.

Ecris l'équivalent en anglais.

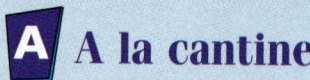
◀◀ à la page 56 **1**
◀◀ à la page 58 **1**
◀◀ à la page 60 **1**

Menu

Menu Formule	90 F	Fromage

Hamburger

Glace au café
Tarte aux pommes

Pizza (fromage & tomates)
Pizza (fromage & saucisson)
Pizza (fromage & jambon)

Vin rouge $\frac{1}{4}$ l
Coca
Eau minérale
Café
Thé

Frites - portion normale ou grande
Salade de tomates

 **B** **Un pique-nique**

Tu organises un pique-nique pour 10 personnes qui rendent visite à ton entreprise.

Ecris une liste pour la cantine.

 ◀◀ à la page 56 **1**   ◀◀ à la page 58 **1**
◀◀ à la page 60 **1**

Qu'est-ce qu'il y a à manger et à boire?

- du vin, des boissons non-alcoolisées, des fruits

- des baguettes ou des sandwichs – au fromage, etc

- des chips, des biscuits, etc

- combien en veux-tu – combien de litres, de kilos, etc

 **C** **Tu es malade**

Donne un coup de téléphone à ton employeur.

Réponds aux questions:

- Qu'est-ce qu'il y a?

◀◀ aux pages 62, 63 **1** **4**

- Que faire, selon le médecin?

MOTS EXTRA

des fraises	*strawberries*	du jus de pommes	*apple juice*
des pêches	*peaches*	je suis enrhumé/e	*I've got a cold*
des raisins	*grapes*	j'ai la grippe	*I've got flu*
des bananes	*bananas*	j'ai une rougeur	*I have a rash*
des nectarines	*nectarines*	j'ai mal au dos	*I have a bad back*
des brioches	*rolls, buns*	prenez ...	*take ...*
des croissants	*croissants*	les comprimés	*the tablets*
des éclairs	*eclairs*	la médecine	*the medicine*
des meringues	*meringues*	pendant 3 jours	*for 3 days*
de la mayonnaise	*mayonnaise*	pendant une semaine	*for a week*
du jus d'orange	*orange juice*		

Mini-test 4

 **1** **Lis!** C'est combien?

Cherche les paires. *a - 80 F

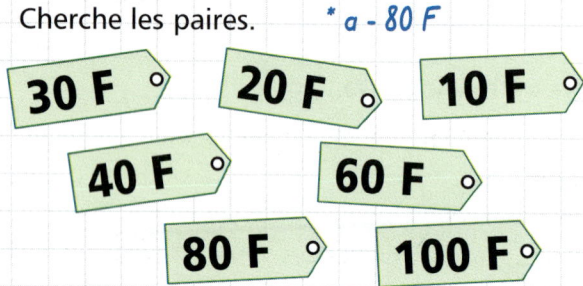

30 F
20 F
10 F
40 F
60 F
80 F
100 F

a quatre-vingts francs
b soixante francs
c cent francs
d dix francs
e quarante francs
f trente francs
g vingt francs

  2 **Lis!** On prépare une soirée

Les bonnes affaires de la semaine ...

vin rouge
"Chateau le Truc"
la bouteille:
28 F 50

vin blanc
"Piers du Bois"
la bouteille:
30 F 50

limonade
la boîte: **8 F**

eau minérale
Source la
Fontaine
3 F la boîte

pizza surgelée
35 F le paquet de 6

glaces *Pilpa*
10 cônes: **20 F 90**

café moulu
Regal
250 g: **7 F 95**

frites surgelées
paquet de 1000 g:
12 F 95

fromage
le Président
500 g: **14 F**

tomates du Pays Bas
15 F le kilo

pommes
d'Angleterre
15 F le kilo

baguette: 5 F

Choisis 5 choses à manger, et 2 choses à boire pour une soirée de dix personnes.

Ecris les renseignements en anglais:
- quoi?
- combien?
- combien de francs?

* cheese - 500 g - 14 francs

  3 **Ecris!** La soirée

Ecris une liste de courses pour la soirée - en français.
- quoi?   • combien?

LISTE DE COURSES
* fromage 1 kg

Notre ville

A group of French visitors are coming to work in your company. Will you be able to talk to them and help them make the most of their stay?

IN THIS UNIT, you will find out how to give and understand information about towns.

WHAT IF you need to talk about tourist attactions or transport, or give simple directions?

This unit will help you to

★ *make conversation with a visitor about their town*
★ *help hotel guests enjoy their stay*
★ *warn your exchange partner about signs and keeping on the right side of the law*
★ *work at a tourist office giving directions ...*
★ *... or helping people find things to do*

BUT FIRST, read this story. Renuka has to collect an important French client from the airport. She wants to impress her with what her town has to offer, but she seems very hard to please!

Une cliente chez nous

On est en Grande-Bretagne. Une jeune anglaise va chercher une cliente à l'aéroport. Elle veut lui faire bonne impression!

1

Vous habitez ici? Comment est cette ville?

Ah, c'est une ville très historique ...

2

... on peut visiter le musée, une cathédrale magnifique ...

Où est l'hôtel? Je suis fatiguée.

3

Il y a un vrai château, très vieux ... euh, pardon ... il est fermé aujourd'hui.

Je n'aime pas les monuments, moi. Qu'est-ce qu'on peut faire ici?

4

Il y a un centre sportif, une piscine ...

Pour moi? Zut!

Bien sûr, mais ... regardez: "Défense de stationner"!

5

Attention! Arrêtez! Il y a un cinéma, à gauche!

Vous aimez le cinéma?

6

Il y a un film d'Arnold Schwarzenegger! Il est plus magnifique qu'une cathédrale! Allons-y!

Une cliente chez nous: quelques questions

 **1** **Lis et comprends l'histoire!**

  2 **Théâtre!** **Travaillez à deux. Jouez les rôles.**

  3 **Lis!**

Qu'est-ce qui est vrai? Ecris les 4 bonnes lettres.   * *b, ...*

a C'est une ville très moderne.

b C'est une ville très historique.

c On peut visiter une cathédrale.

d On peut visiter une prison.

e La prison est ouverte aujourd'hui.

f Le château est ouvert aujourd'hui.

g Il y a une piscine.

h Il y a un éléphant dans l'hôtel.

i Il y a un centre commercial.

j La cliente aime le cinéma.

 Arnold Schwarzenegger est plus magnifique qu'une cathédrale - vrai ou faux, tu crois?

  4 **Ecris!**

Recopie et corrige les phrases.   * *a C'est une <u>ville</u> historique.*

a C'est une <u>piscine</u> historique.

b On peut visiter <u>la prison</u>.

c Il y a un vrai <u>éléphant</u>.

d La cliente n'aime pas les <u>prisons</u>.

e Il y a un <u>éléphant</u>, à gauche!

b Plus magnifique qu'<u>une prison</u>!

Tu vas chercher un client / une cliente à l'aéroport.
Tu lui demandes où il/elle habite.

J'habite dans …

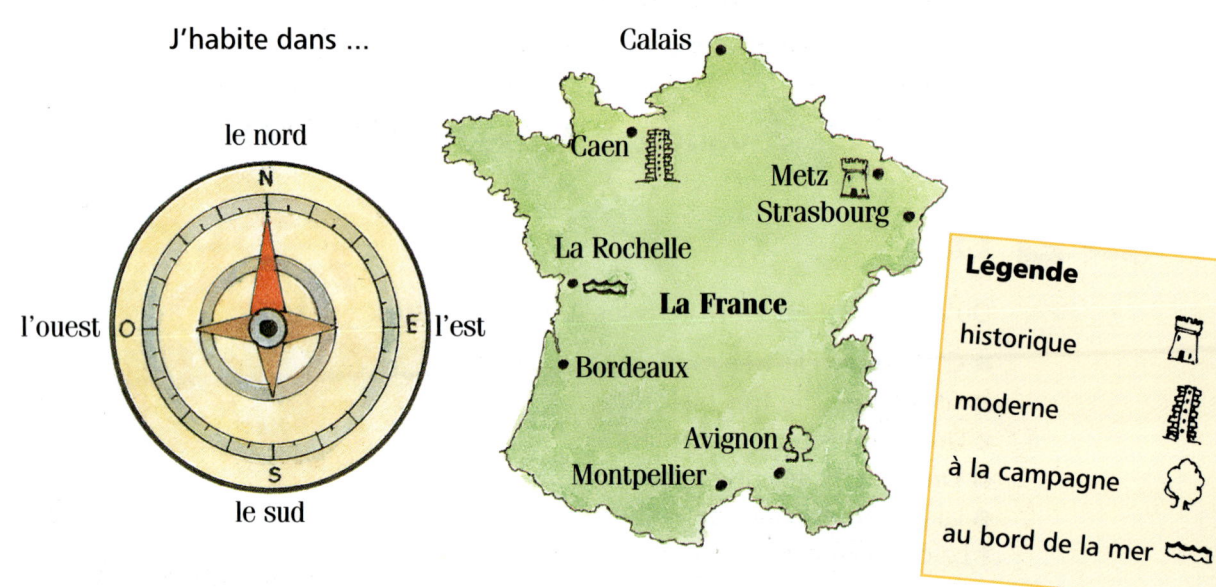

le nord

l'ouest — l'est

le sud

Légende

historique

moderne

à la campagne

au bord de la mer

 **1** **Ecoute! 1–8**   Où habitez-vous?

Ecris **N**, **S**, **E** ou **O**.   *1 O

  Puis écris les mots.   *1 dans l'ouest

 2 **Parlez!**   Où habitez-vous?

A Regarde la carte. Choisis une ville.   **A** *Strasbourg

B Devine.   **B** *Où habitez-vous? Dans le nord?

A Réponds: **Oui** ou **Non**.   **A** *Non.   *Dans l'est? **B**

                                              A *Oui.   *A Strasbourg? **B**

 3 **Ecoute! 1–8**   C'est une ville …?

Regarde la légende.

C'est une ville … **a** historique, **b** moderne,
c à la campagne, **d** au bord de la mer?

    Ecris **a**, **b**, **c** ou **d**.   *1 - d

   Complète la phrase: **C'est une ville …**

     *1 C'est une ville au bord de la mer.

Légende

historique

moderne

à la campagne

au bord de la mer

 **4** **Lis!** C'est comment?

Regarde la carte. Ecris les noms des villes. *a Avignon*

a Une ville à la campagne.
b Une ville dans le sud.
c C'est une ville historique.
d Elle se trouve dans le nord.

e C'est une ville au bord de la mer.
f Une ville dans l'est de la France.
g Une ville plutôt moderne.

 **5** **Parlez!** C'est comment?

Apprenez la conversation.

A Où habitez-vous? **B** J'habite à <u>Metz</u>.

A C'est où? **B** C'est dans <u>l'est</u>.

A C'est comment? **B** C'est une ville <u>historique</u>.

 B Regarde la grille.
Remplace les mots soulignés.

	J'habite à ...	C'est dans ...	C'est une ville ...
1	Caen	N	moderne
2	Strasbourg	E	historique
3	Avignon	S	à la campagne
4	la Rochelle	O	au bord de la mer

6 **Ecris!** Deux villes françaises

Choisis deux villes françaises. (Regarde la carte!)
Pour chaque ville, écris 2 ou 3 renseignements.

Caen. C'est dans le nord. C'est moderne.

Mots-clés

une carte	a map	au bord de la mer	by the sea
où habitez-vous?	where do you live?	à la campagne	in the country
j'habite à ...	I live in ...	c'est où?	where is it?
c'est comment?	what is it like?	c'est dans ...	it's in ...
c'est ...	it is ...	le nord	the north
une ville historique	a very old town	le sud	the south
moderne	modern	l'est	the east
		l'ouest	the west

5B Tu travailles dans un hôtel, à la réception.

C'est ...

b le parc d'attractions

a le château

c la cathédrale

d le jardin public

f le musée

e le vieux quartier

1 Ecoute! Les monuments

Mets les cartes postales dans le bon ordre.   * c, ...

2 Parlez! Qu'est-ce que c'est?

Travaillez à deux. Apprenez les monuments **a-f**.

A Choisis une carte postale.   *Qu'est-ce que c'est?*

B Devine: *C'est ...?*

A Réponds: *Oui.*   ou   *Non.*

Continuez ...

3 Ecoute! 1–6 Qu'est-ce qu'on peut faire ici?

Regarde les cartes postales.

◎   Ecris la lettre de la bonne carte postale.   * 1: c

◎ ◎   Complète la phrase: **On peut visiter ...**
        * 1 On peut visiter la cathédrale.

4 **Parlez!**   Qu'est-ce qu'on peut faire ici?

Travaillez à quatre. Regardez les cartes postales.

A *Qu'est-ce qu'on peut faire ici?*   **B** Choisis 1 carte. *On peut visiter le château.* **B**

C Choisis 1 carte. *On peut visiter le château et* **C** *le jardin public.*   **D** Choisis 1 carte. **D**

On peut visiter le château, le jardin public et le musée.

Continuez ...

◎ ◎ Apprenez toutes les 6 cartes postales!

5 **Ecris!**   Les monuments

Cherche les 5 monuments. Recopie-les en français.   * *la cathédrale*

◎ ◎ Un monument n'est pas là. Qu'est-ce que c'est?

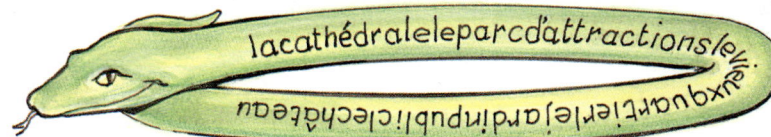

lacathédraleleparcd'attractionsleviéuxquartierlejardinpubliclechâteau

6 **Lis!**   Un tour de la ville

lundi parc d'attraclions - excellent!

mardi cathédrale St Jacques, galerie d'art

mercredi musée Vincent Roudey, le vieux quartier

jeudi jardin public, château - beau temps!

vendredi parc d'attractions, bon restaurant

Regarde les cartes postales.

◎   Lis le journal.
Ecris les lettres dans le bon ordre.   * *b, ...*

◎ ◎  Ecris un journal.

Mots-clés

qu'est-ce qu'on peut faire ici?	*what can you do here?*
on peut visiter ...	*you can visit ...*
les monuments	*the sights*
le vieux quartier	*the old part of town*
le château	*the castle*
le musée	*the museum*
le jardin public	*the park*
le parc d'attractions	*the theme park*
la cathédrale	*the cathedral*

5c

Tu travailles dans un bureau. Tu expliques quelques panneaux à un copain / une copine français/e qui est en stage chez toi.

c  d  e  f  g

h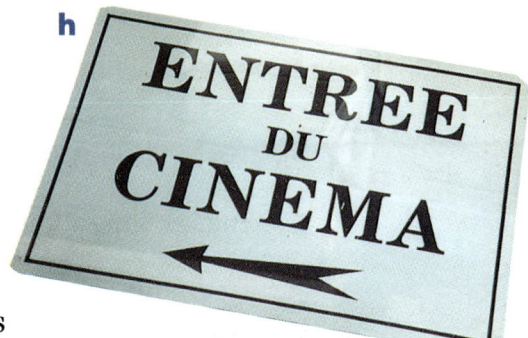

b

a

a attention!

b sortie

c ouvert

d interdit aux piétons

e défense de fumer

f interdit aux véhicules

g fermé

h entrée

i défense de stationner

i

 1 Ecoute! En ville

Regarde les panneaux **a-i**. Mets les panneaux dans le bon ordre. * b, …

 2 Ecoute! 1–6 Qu'est-ce que c'est?

Regarde les panneaux.

Ecris **a**, **b**, **c**, etc. * 1 c, g

Ecris les mots. * 1 ouvert, fermé

3 Parlez! Qu'est-ce que c'est?

Travaillez à deux.

A Lis quatre panneaux à haute voix. **A** * Interdit aux piétons, …

A et **B** Ecrivez **a**, **b**, **c**, etc. * d, …

B Vérifie tes réponses avec **A**.

4 **Ecris.** Comment?

Recopie et complète.

* a ouvert

5 **Lis!** Des panneaux

 Regarde les panneaux **1-6**. Ecris l'équivalent en anglais. ** 1 Closed!*

1 Fermé!

2 *Attention!*

3 Interdit aux piétons!

4 Défense de fumer!

5 Ouvert!

6 Défense de stationner!

 Lis les panneaux **1-6**, et les phrases **a-f**. Trouve les paires. ** 1 f*

a Oui, on est ouvert aujourd'hui!
b Une voiture? Non, ça ne va pas!
c Les cars, les voitures, les bicyclettes – oui! Mais les personnes? Non!
d Oui, il est dangereux!
e Une cigarette? Non! Regardez, ça ne va pas!
f Oui! On est fermé. Allez-vous en!

6 **Ecris!** Des panneaux

Choisis 5 panneaux. Ecris-les sur un grand bout de papier. *

 ENTRÉE

Mots-clés

des panneaux	*some signs*	défense ...	*do not ...*
attention!	*look out!*	de fumer	*smoke*
entrée	*entrance*	de stationner	*park*
sortie	*exit*	interdit ...	*no ...*
ouvert	*open*	aux véhicules	*vehicles*
fermé	*closed*	aux piétons	*pedestrians*

5D

Tu travailles au Syndicat d'Initiative. On te demande comment aller dans des différents endroits.

1 Ecoute! 1–5 Pour aller ...?

Mets les bulles dans le bon ordre. * b, ...

a *Pour aller à l'hôtel Astérix?*

b *Pour aller à l'hôtel Métropole?*

c *Pour aller au château?*

d *Pour aller au cinéma?*

e *Pour aller à la cathédrale?*

2 Parlez! Pour aller ...?

Travaillez à deux ou trois.

Apprenez les questions de **1**.

* a *Pour aller à l'hôtel Astérix?*

- Commencez par **Pardon, monsieur ...** ou **Pardon, madame ...**
- Finissez par **s'il vous plaît**.

* a *Pardon, madame, pour aller à l'hôtel Astérix, s'il vous plaît?*

3 Ecoute! 1–6 C'est où?

C'est ....

←	→	↑
à gauche	à droite	tout droit

Dessine les flèches. * 1 ←

Recopie les mots aussi. * 1 ← *à gauche*

4 Ecris! En ville

Regarde le plan de la ville. Tu commences *toujours* au Syndicat d'Initiative.

Ecris les directions. * a *Tout droit, à droite.*

Apprends les directions!

Pour aller ...

a à l'hôtel Métropole ?   **b** à l'hôtel Astérix?   **c** au cinéma?

d à la cathédrale?   **e** au château?

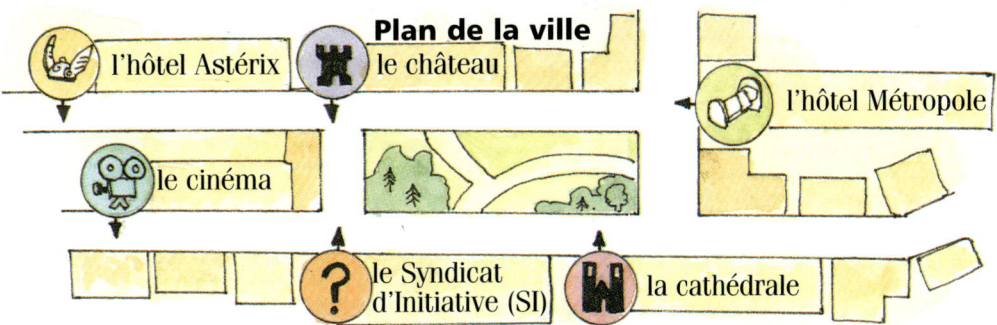

Plan de la ville

l'hôtel Astérix   le château   l'hôtel Métropole

le cinéma

le Syndicat d'Initiative (SI)   la cathédrale

 **5** **Parlez!**

A Pose une question.   *Pour aller ...?*

B Réponds: *A gauche.*   ou   *A droite.*   ou   *Tout droit.*

A   *Pour aller au château?*   *Tout droit.*   **B**

◎ ◎ Ajoutez **Pardon ..., Merci, au revoir.**

 **6** **Lis!**   Qu'est-ce que c'est?

Regarde le plan de la ville.

Tu commences *toujours* au Syndicat d'Initiative. Suis les directions.

a A gauche.   * a le cinéma   **d** A droite, à gauche, tout droit.
b Tout droit   **e** Tout droit, à gauche.
c A droite.   **f** Tout droit, à droite.

7 **Ecris!**   Pour aller à ...?

Ecris les directions ...   **a** de l'hôtel Astérix au Syndicat d'Initiative
b du château à l'hôtel Métropole
c du Syndicat d'Initiative au cinéma

Mots-clés

pour aller ...?	*how do I get ...?*	à la cathédrale	*to the cathedral*
à l'hôtel	*to the hotel*	c'est ...	*it is ...*
au cinéma	*to the cinema*	à gauche	*on the left*
au château	*to the castle*	à droite	*on the right*
au Syndicat d'Initiative	*to the tourist office*	tout droit	*straight on*

5E

Tu travailles au Syndicat d'Initiative. On te pose des questions.

Plan de la ville

Légende

le centre sportif

le centre commercial

la piscine

la gare SNCF

la gare routière

la poste

le Syndicat d'Initiative

le cinéma

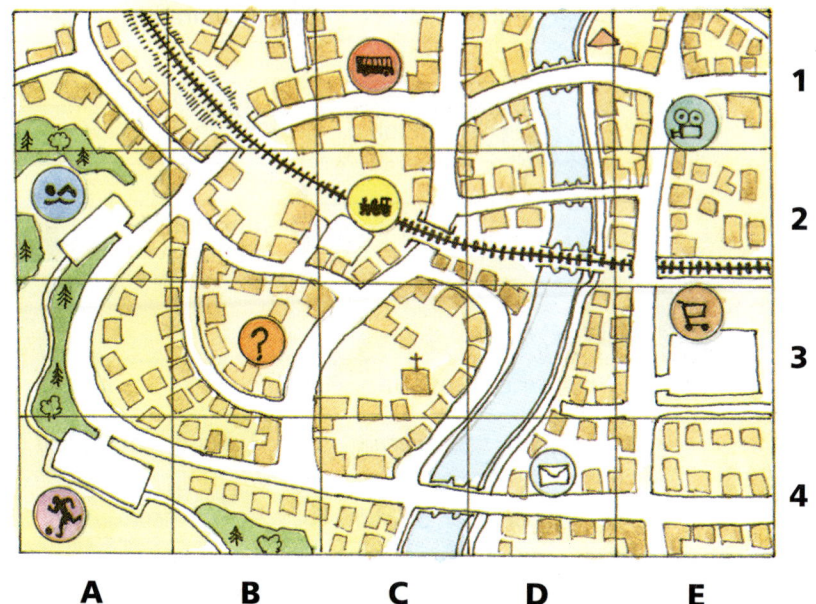

1

2

3

4

A   B   C   D   E

 **1** **Ecoute!**   Qu'est-ce qu'il y a dans cette ville?

Ecris les carrés dans le bon ordre.   *A2, ...*

 **2** **Ecoute! 1–7** En ville

Regarde le plan.

Mets la lettre et le numéro du bon carré.   *1: A2*

 Ecris les mots aussi.   *1: A2, la piscine*

 **3** **Parlez!**   Qu'est-ce que c'est?

Regardez les images.

Travaillez à deux. Apprenez les mots un par un.

A 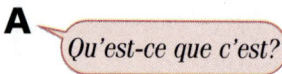 *Qu'est-ce que c'est?*    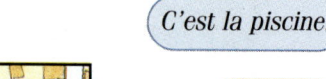 *C'est la piscine.* **B**

B *Qu'est-ce que c'est?*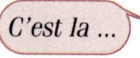

Continuez ...   *C'est la ...* **A**

4 Parlez! Qu'est-ce qu'il y a dans cette ville?

Regardez le plan de la ville.

Changez les mots soulignés.

A *Qu'est-ce qu'il y a dans cette ville?*

B *Il y a le centre commercial.*

 **A** Commence par: *Bonjour monsieur / madame.*

Finis par: *Merci, au revoir.*

B Apprends 4 réponses! *Il y a 1 , 2 , 3 et 4 !*

5 Lis! Qu'est-ce qu'il y a?

Trouve les paires.

Ecris les 5 mots que tu trouves.

* le centre commercial.

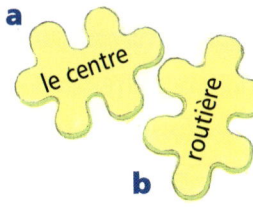
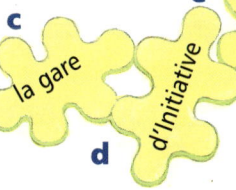

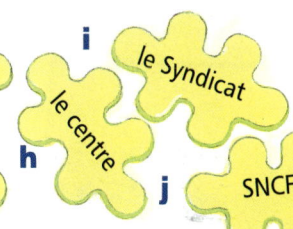

a le centre
b routière
c la gare
d d'Initiative
e sportif
f commercial
g la gare
h le centre
i le Syndicat
j SNCF

 Cherche le bon carré et écris-le aussi. ** le centre commercial: E3*

6 Ecris! Qu'est-ce qu'il y a dans cette ville?

Tu travailles dans le Syndicat d'Initiative. Regarde le plan de la ville.
Ecris 5 phrases. ** Il y a le centre sportif ...*

Mots-clés

qu'est-ce qu'il y a dans cette ville?	what is there in this town?
il y a ...	there is ...
le centre sportif	the sports centre
le centre commercial	the shopping centre
la piscine	the swimming pool
la gare SNCF	the train station
la gare routière	the bus station
la poste	the post office
le Syndicat d'Initiative	the tourist office
le cinéma	the cinema

ENTREPRISE INDIVIDUELLE 5

A group of French people will be coming to work in your company and your boss is concerned about making their stay enjoyable. Your task is to send them some details about your town.

 ## A Un fax

Envoie un fax qui décrit la ville où tu habites.

- C'est où? ◀◀ à la page 70 **1**
- C'est comment? ◀◀ à la page 70 **3**
- Fais mention de cinq monuments qu'on peut visiter. ◀◀ à la page 72 **3**

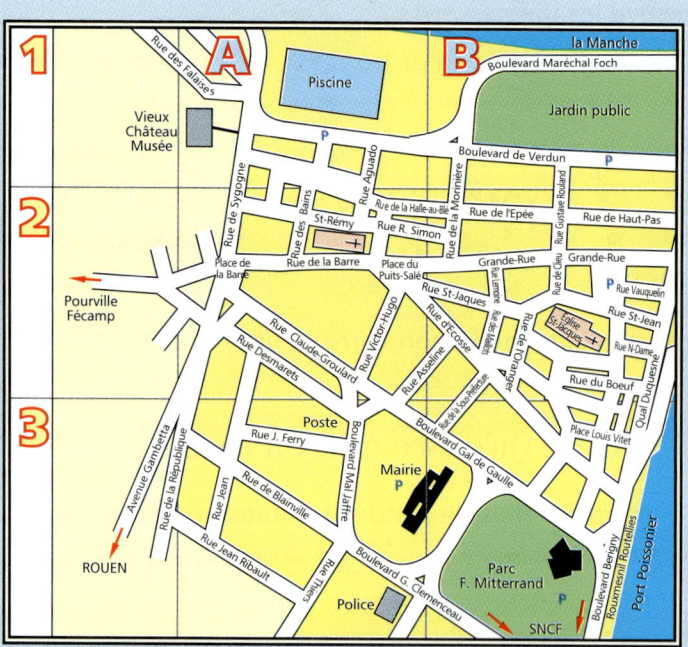

MOTS EXTRA

industrielle	*industrial*	la station-service	*the petrol station*
au bord d'une rivière	*by a river*	les WC	*the toilets*
une église	*a church*	un hypermarché	*a hypermarket*
l'hôtel de ville	*the town hall*	baignade interdit	*no bathing*
la mairie	*the town hall*	camping interdit	*no camping*
la galerie d'art	*the art gallery*	libre service	*self service*
la banque	*the bank*	priorité à droite	*give way to the right*

B Un plan de la ville

Dessine un plan de ta ville.

◀◀ à la page 77 **4**, 78 **1**, 72 **1**

● Coche (✔) sept bâtiments importants, y compris un hôtel.

Pense à ta ville, si possible.

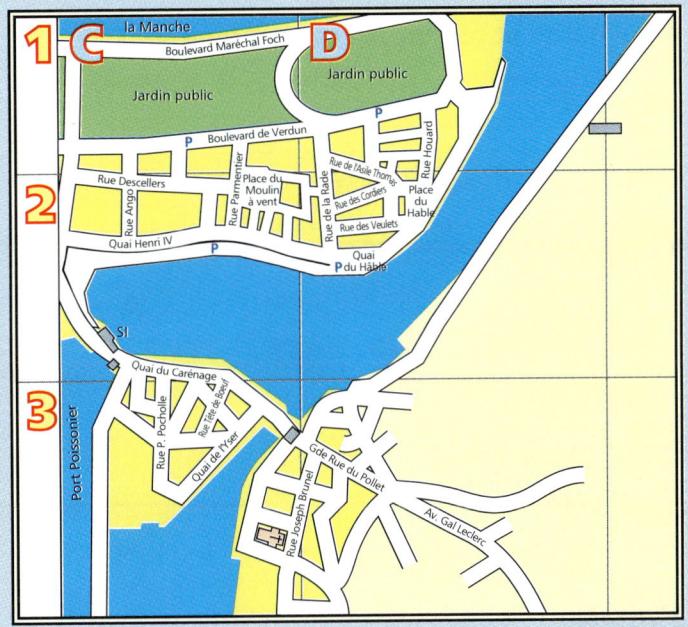

C Un jeux de rôle

Travaillez à deux.

● Pose des questions: *Pour aller ... ?*

◀◀ à la page 76 **2**

● Ton partenaire regarde son plan de la ville **B**.

◀◀ à la page 76 **3**

Il / Elle te donne des directions.

A tour de rôle!

Mini-test 5

1 **Parlez!** Pour aller à ...?

A Mémorise et puis pose ces trois questions.

1 *Pour aller à l'hôtel, s'il vous plaît?*   2 *Pour aller à la gare, s'il vous plaît?*

3 *Pour aller à la poste, s'il vous plaît?*

B Regarde les images. Réponds aux questions.

A

*Pour aller à l'hôtel, s'il vous plaît?

*L'hôtel? ...

B

2 **Ecoute!** **1-6** En ville

Vrai ou faux? Ecris **vrai** ou **faux**.

EXTRA!

Ecoute! Pour aller au Bar de Baba?

Note les 6 bâtiments et les 6 directions.

* gare SNCF - gauche

Notre région

You work for a travel agency who want to attract more French tourists to the area. How would you put together an information pack in French?

IN THIS UNIT, you will learn to talk about your local area, including the weather and the environment.

WHAT IF you would like to find out about somewhere you want to visit in France?

This unit will help you to

★ *prepare a brochure for French visitors*
★ *say how to reach the area*
★ *tell a French person what weather to expect*
★ *discuss environmental problems in the area and solutions*
★ *talk about what people do during public holidays*

BUT FIRST, read this story. Hélène and Rachid have been working in the UK. Hélène has invited Rachid to spend Christmas with her family in France – but first they have to get there!

Le voyage de Noël

Hélène et Rachid habitent en France, mais ils travaillent en Grande-Bretagne. Hélène a invité Rachid à fêter Noël chez sa famille en France. Si on peut y arriver!!

Le voyage de Noël: quelques questions

 **1** **Lis et comprends l'histoire!**

 **2** **Théâtre.** **Travaillez à deux ou à trois. Jouez les rôles.**

  3 **Lis!** **Mets les sous-titres dans le bon ordre.** * c, ...

a A la gare
b Trop de circulation!
c Au port
d Dans le train
e La bienvenue!
f Sur le ferry

  4 **Ecris!** **Choisis les bons mots. Recopie et complète les phrases.**

A Au port, Hélène et Rachid attendent ...
   a un avion
   b un ferry
   c un train

B Dans la région d'Hélène, il fait ...
   a chaud en hiver
   b froid en été
   c froid en hiver

C Dans la région de Rachid, il fait ...
   a chaud en hiver
   b du vent
   c froid à la gare

D A Noël, il y a trop de ...
   a cadeaux
   b circulation
   c montagnes

6A

Ton entreprise veut encourager des touristes français à venir visiter ta région. Tu vas préparer une brochure.

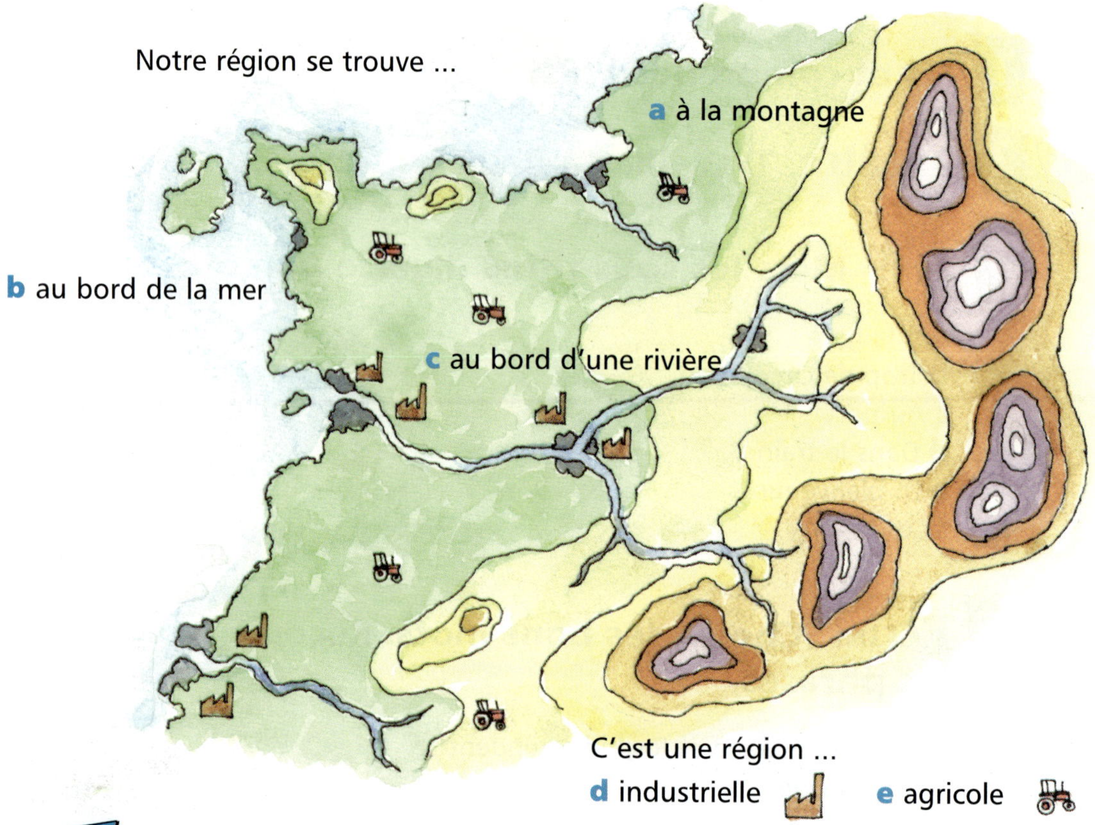

Notre région se trouve ...

a à la montagne

b au bord de la mer

c au bord d'une rivière

C'est une région ...

d industrielle   **e** agricole

1 **Ecoute! 1–5** Où se trouve la region?

Ecris **a**, **b** ou **c**.   * 1 b

Ecris une phrase.   * 1 au bord de la mer

2 **Parlez!** Où se trouve votre région?

Préparez la conversation.

A Où se trouve votre région?   Notre région se trouve à la montagne. **B**

Changez les mots soulignés:
- au bord de la mer   • au bord d'une rivière

3 **Ecoute! 1–5** C'est comment, la région?

Ecris **d** ou **e**.   * 1 e

Complète la phrase: **C'est une région** ...   * 1 C'est une région agricole.

   **Parlez!** *À toi!* C'est comment, votre région?

 Apprenez la question et la réponse.

Apprenez la question et les quatre réponses.

A *C'est comment, votre région?*

C'est une région ...
B
- industrielle
- agricole
- agricole et industrielle
- industrielle et agricole.

  Lis! Notre région

Regarde la carte. Ecris la bonne lettre. *1 e*

Cherche une région ...
1 agricole
2 industrielle
3 au bord de la mer
4 à la montagne
5 au bord d'une rivière

Ecris! Notre région

Regarde la carte.

Pour chaque région:

 écris un mot ou une petite phrase.

complète la phrase: **C'est une région ...**

* e agricole

* e C'est une région agricole.

Mots-clés

où se trouve ...?	*where is ...?*
la région	*the region*
notre, votre	*our, your*
... se trouve ...	*... is ...*
à la montagne	*in the mountains*
au bord de la mer	*by the sea*
au bord d'une rivière	*by a river*
c'est comment?	*what is it like?*
c'est une région ...	*it is a ... region*
industrielle	*industrial*
agricole	*agricultural*

6B

Tu travailles dans une agence de voyages. Des français visitent la Grande-Bretagne. Tu leur donnes des renseignements.

On peut prendre ...

a la voiture
b le train
c le ferry
d l'avion
g un port
h un aéroport

Il y a ...

e une autoroute   **f** une gare SNCF

... à quelques kilomètres

1 Ecoute! 1–5 Comment va-t-on à ... ?

🌀 Ecris **a**, **b**, **c** ou **d**.   *1 c*

🌀🌀 Complète la phrase: **On peut prendre ...**   *1 le ferry*

2 Ecoute! 1–5 Où est-ce qu'il y a ...

Ecris les bons mots.   *1 un port*

🌀🌀 Ecris la distance aussi.   *1 un port, à 10 km*

---

3 Parlez! Comment y aller?

A Prépare les questions.

Comment va-t-on à ...   Cardiff Cowes Liverpool Bristol Glasgow

Où est-ce qu'il y a ...   Regarde **2**.

B Prépare les réponses.

On peut prendre ...   Regarde **1**   *A quelques kilomètres.*

 4 **Ecris!** Comment y aller?

Regarde les 5 cartes. Recopie la conversation. Change les mots soulignés.

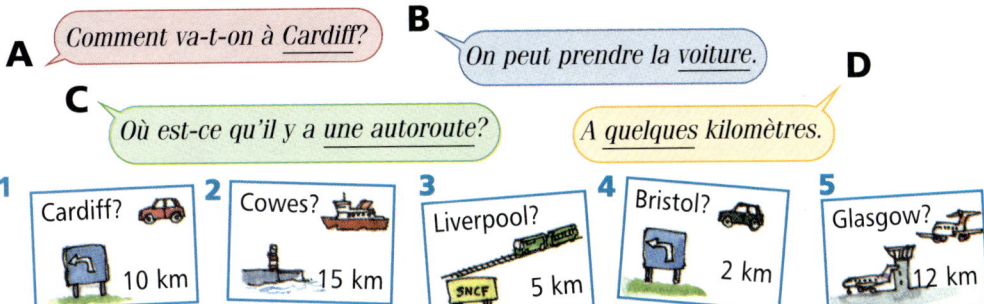

A *Comment va-t-on à Cardiff?*

B *On peut prendre la voiture.*

C *Où est-ce qu'il y a une autoroute?*

D *A quelques kilomètres.*

1 Cardiff? 10 km
2 Cowes? 15 km
3 Liverpool? SNCF 5 km
4 Bristol? 2 km
5 Glasgow? 12 km

 5 **Parlez!** Des conversations

Travaillez à deux. Lisez les conversations de **4** à haute voix.

 **6** **Lis!** Comment y aller?

Décode les phrases! Ecris 2 mots. ***Lille - train***

Comment va-t-on à ... ?

a Lille **b** Roscoff **c** Rouen **d** Bordeaux **e** Angers?

1 onpeutprendreletrainàLille.
2 àAngers?onpeutprendrelavoitureilyauneautorouteàcinqkilomètres
3 CxoxmxmxexnxtxaxlxIxexrxàxRxoxuxexnx?xpxaxrxaxvxixoxn
4 ruop ffocsoR? no tuep erdnerp el yrref
5 à xuaedroB? no tuep erdnerp noiva'l

Mots-clés

comment y aller?	*how can you get there?*
comment va-t-on à ...?	*how do you get to ... ?*
on peut prendre ...	*you can go by ...*
la voiture	*car*
le train	*train*
le ferry	*ferry*
l'avion	*plane*
où est-ce qu'il y a ...?	*where is there ... ?*
il y a ...	*there is ...*
une autoroute	*a motorway*
une gare SNCF	*a train station*
un port	*a port*
un aéroport	*an airport*
à quelques kilomètres	*a few kilometres away*

Tu vas partir en France. Tu discutes du temps et des fêtes avec ton /ta partenaire.

a En été? Il fait chaud.　　**b** En automne? Il pleut.

c En hiver? Il fait froid.　　**d** Au printemps? Il y a du vent.

 **1** **Ecoute! 1–5** Quel temps fait-il?

Pour chaque région, choisis **a**, **b**, ou **c**.　　　*1 b*

◎ ◎ Quel temps ne fait-il pas? Dessine ✗ et **a**, **b**, ou **c** aussi.　　*1 b, ✗ c*

1 *En Normandie:* **a** Il pleut? **b** Il y a du vent? **c** Il fait froid?
2 *Dans le Midi:* **a** Il fait chaud? **b** Il fait froid? **c** Il y a du vent?
3 *Dans les Alpes:* **a** Il y a du vent? **b** Il fait froid? **c** Il pleut?
4 *Dans le Massif Central:* **a** Il fait froid? **b** Il fait chaud? **c** Il pleut?
5 *En Bretagne:* **a** Il fait chaud? **b** Il y a du vent? **c** Il pleut?

 2 **Ecoute! 1–4** Quel temps fait-il?

Recopie et complète la grille. Ecris 2 ou 3 mots.

	la saison	le temps
1	* hiver	pleut, froid
2		
3		
4		

 3 **Parlez!** Quel temps fait-il?

Regardez les images **a-d**.

A Change les mots soulignés. Pose des questions: *Quel temps fait-il en été?*

B Réponds: *En été, il ...*

 **4** **Parlez!** Quel temps fait-il dans votre région?

A *Quel temps fait-il dans votre région en hiver?*

B Regarde les cartes **1-4** pour tes réponses.

* 1
A Quel temps fait-il dans votre région en hiver?

B Il y a du vent.

En été ...
En automne ...
En hiver ...
Au printemps ...

1 en hiver

2 en été

3 en automne

4 au printemps

... il pleut.
... il y a du vent.
... il fait chaud.
... il fait froid.

 **5** **Ecris!** Quel temps fait-il?

Regarde **4**. Ecris tes réponses en français.

* 1 En hiver, il y a du vent.

 **6** **Lis!** Cherche l'intrus

Ecris les mots en français.   *** a** en hiver

a un, deux, en hiver, trois
b en été, au printemps, du vent, en hiver
c il pleut, en automne, il fait chaud, il fait froid
d il pleut, en hiver, en automne, au printemps
e il fait chaud, il y a du vent, il fait froid, en été

Mots-clés

dans la région	*in the region*
notre, votre	*our, your*
quel temps fait-il?	*what is the weather like?*
en été	*in the summer*
en automne	*in the autumn*
en hiver	*in the winter*
au printemps	*in the spring*
il fait ...	*it is ...*
chaud	*hot*
froid	*cold*
il y a du vent	*it is windy*
il pleut	*it rains*
ne ... pas	*... not ...*

6D

Avec ton / ta partenaire, tu discutes des problèmes des régions où vous habitez.

Les problèmes

Il y a ...
a des rivières polluées **b** de l'air pollué **c** trop de circulation
d beaucoup de détritus

Les buts

Nous avons besoin ...
e de rivières propres **f** d'air pur **g** de zones piétonnes **h** de poubelles

 **1 Ecoute!** Les problèmes

Mets les problèmes dans le bon ordre.   *b, ...

 2 Ecoute! Les buts

Mets les buts dans le bon ordre.   *f, ...

 3 Ecoute! 1–4 Un problème? Ou un but?

Recopie et remplis la grille.

	problème?	but?
1		*g
2		
3		
4		

 4 **Parlez!** Les problèmes et les buts

Trouvez les paires!

A Choisis un problème. **B** Donne un but.

A *Il y a des rivières polluées.* *Nous avons besoin d'eau propre.* **B**

Continuez …

 Apprenez tous les problèmes et tous les buts!

 **5** **Lis!** Les problèmes de notre région

Trouve les paires. Ecris les bonnes lettres. * a - d

a Nous avons besoin d'eau propre!

b Dans notre région, il n'y a pas de problème, à part les détritus.

c Nous avons trouvé la solution. Dans notre ville il y a des zones piétonnes.

d Notre problème, c'est qu'il y a des rivières polluées dans la région.

e Notre région est une région industrielle. Il y a un grand problème - c'est l'air pollué.

f Nous avons besoin de poubelles dans les rues.

g Nous avons besoin d'air pur, n'est-ce pas?

h Quant à nous, notre problème, c'est la circulation. Il y en a vraiment trop!

 6 **Ecris!** Des autocollants

Dessine des autocollants.
Regarde bien les exemples.

Mots-clés

dans la région	*in the region*
il y a …	*there is/there are …*
des problèmes	*problems*
des buts	*aims*
des rivières polluées	*polluted rivers*
de l'air pollué	*polluted air*
trop de circulation	*too much traffic*
beaucoup de détritus	*a lot of rubbish*
nous avons besoin …	*we need …*
de rivières propres	*clean rivers*
d'air pur	*clean air*
de zones piétonnes	*pedestrian areas*
de poubelles	*rubbish bins*

6E

Tu travailles dans un Syndicat d'Initiative. Le SI veut organiser des visites en France pendant les fêtes.

1 Ecoute! 1–5 C'est quelle fête?

◎ Ecris **a**, **b**, **c**, etc.　*1 b

◎ ◎ Ecris la date.　*1 le 5 avril

janvier
1 2 3 4 5 6 7 8 9 10 1
13 14 15 16 17 18 19 20
23 24 25 26 27 28 29

a le jour de l'An

avril
1 2 3 4 5 6 7 8 9 10 11
13 14 15 16 17 18 19 20 21
23 24 25 26 27 28 29 30

b Pâques

mai
1 2 3 4 5 6 7 8 9 10 11 12
13 14 15 16 17 18 19 20 21 22
23 24 25 26 27 28 29 30 31

c le 1er mai

juillet
1 2 3 4 5 6 7 8 9 10 11
13 14 15 16 17 18 19 20 21 2
23 24 25 26 27 28 29 30 31

d le 14 juillet

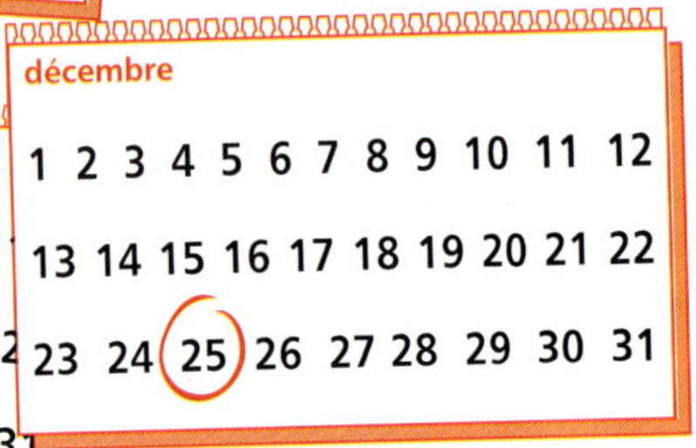

décembre
1 2 3 4 5 6 7 8 9 10 11 12
13 14 15 16 17 18 19 20 21 22
23 24 25 26 27 28 29 30 31

e Noël

2 Parlez! C'est quelle fête?

Regardez les images **a-e** (exercice **1**).

A Indique une date.　*C'est quelle fête?*　**B** Nomme la fête.

Continuez …

*a ☞ **le 1er janvier**　**A** *C'est quelle fête?*　*Le jour de l'An.* **B**

3 Ecoute! 1–5 Que fait-on?

Ecris la bonne lettre: **f**, **g**, etc.　*1 j

Tout le monde …

f va en ville

g va à une soirée

h se donne des cadeaux

i mange bien

j reste en famille

 **4 Parlez!** Pour fêter …

🌀 Préparez les conversations. Changez les mots soulignés.

🌀 🌀 Apprenez les activités pour *trois* dates.

A *Que fait-on chez vous pour fêter Noël?*

Chez nous, on se donne des cadeaux. **B**

la fête	l'activité
Noël	on se donne des cadeaux
le jour de l'An	on va en ville
Pâques	on reste en famille
le 1er mai	on va à une soirée
le 14 juillet	on mange bien

 5 Lis! Que fait-on pour fêter …?

Lis les cartes postales. Ecris les lettres pour chaque activité **3**. * 1g

1 Marie-Christine

Le jour de l'An, on va à une soirée.

2 Xavier

J'aime toujours le 14 juillet, moi. On va en ville, à un bar, et après, on va peut-être à une soirée.

3 Bruno

Pour fêter Pâques, on reste toujours en famille, et on mange bien.

4 Fabrice

Pour fêter le premier mai, mes copines et moi, nous allons en ville. Et à Noël, on se donne des cadeaux et des cartes, bien sûr.

6 Ecris! Que fait-on?

Débrouille les phrases et les dates. Recopie-les en français. * 1 le jour de l'An

1 l'An le de jour
2 à va une on soirée
3 le juillet 14

4 cadeaux se on donne des
5 en on va ville
6 on bien mange

Mots-clés

que fait-on?	what do you do?
chez vous	where you live
chez nous	where we live
pour fêter …	to celebrate …
Noël	Christmas
le jour de l'An	New Year's Day
Pâques	Easter
le 1er mai	May Day
le 14 juillet	Bastille Day
on va en ville	we go into town
on va à une soirée	we go to a party
on se donne des cadeaux	we exchange presents
on mange bien	we have a special meal

ENTREPRISE INDIVIDUELLE 6

You work for a travel agency in Britain. The agency asks you to put together an information pack about your local area, for French tourists. You don't have to tell the whole truth!

You can include:

 A Une brochure sur la région

- où se trouve la région? ◀◀ à la page 86 **1**
- comment y aller ? ◀◀ à la page 88 **1**
- à combien de kilomètres sont les autoroutes, les gares, les ports ou les aéroports?  ◀◀ à la page 88,89 **2 4**

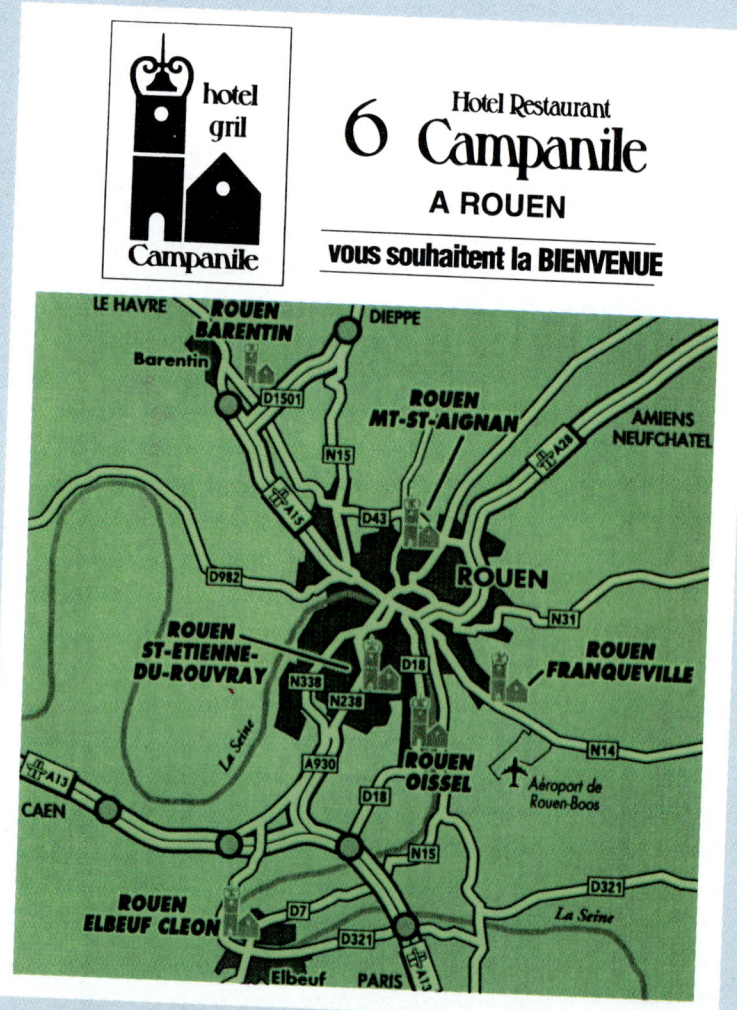

 **B Une affiche pour la région**

avec, **en français** …

- le temps qu'il fait normalement – en été ou en hiver 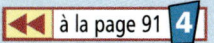 à la page 91 4
- 1 bon point à propos de l'environnement
  – de l'air pur, par exemple 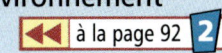 à la page 92 2

 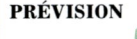

PRÉVISION

Samedi
Il y a encore quelques brumes puis le temps devient rapidement ensoleillé.

PRÉVISION

Dimanche
Beau temps ensoleillé et chaud.

TENDANCE

Lundi
Matinée ensoleillée, puis des nuages reviennent par l'ouest l'après-midi. Orages la nuit.

TENDANCE

Mardi
Temps couvert et pluvieux.

météo
Beau temps
- De 11° ea 25°
- Vent s'orientant au nord-est faible à moderé
- mer belle

Rennes 12/27
Paris 12/26
Strasbourg 14/23
Lyon 15/26
Bordeaux 14/31
Marseilles 17/30

  **C Un sondage**

Un sondage sur une fête britannique, Noël, par exemple.

- que fait-on? 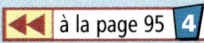 à la page 95 4

MOTS EXTRA

une affiche	a poster	il neige	it snows
une région …	a … area	il fait du soleil	it is sunny
… boisée	woodland (area)	on se donne	
… touristique	tourist (area)	des cartes	we exchange cards
… historique	historic (area)	on mange des	
à la campagne	in the country	oeufs en chocolat	we eat Easter eggs
en autocar	by coach	on a un arbre de Noël	we have a Christmas tree
par le tunnel	through the tunnel		
il fait beau	it is fine	décorer	to decorate
il fait mauvais	it is bad weather		

Mini-test 6

  1 Lis! Notre région

Lis la conversation. Réponds **vrai**, **faux** ou **?** aux phrases **a–e**.

Normandie

Où habites-tu?

Et Cherbourg?

Quel temps fait-il à Cherbourg, normalement?

Marie

Jean-Paul

Notre région se trouve au bord de la mer, près de Cherbourg, en Normandie. La Normandie est plûtot une région agricole.

Cherbourg est un port, et c'est aussi une ville industrielle.

Il y a du vent, oui, beaucoup de vent, en particulier en hiver et en automne.

En été?

Pour fêter Noël, que fait-on en Normandie?

En été il fait assez chaud - s'il ne pleut pas!

On se donne des cadeaux, on mange bien ... comme tout le monde!

a A Noël, on va à une soirée.
b La Normandie est une région industrielle.
c Il y a du vent en automne et en hiver.
d Il y a du vent en été.
e Marie habite au bord d'une rivière.

  2 Ecris!

Regarde tes réponses à **1**. C'est faux? Corrige les phrases.

EXTRA!

Ecris! J'habite à Moulin-les-vents

Ecris cinq renseignements sur cette ville.

Le travail à l'étranger

You want to find a job in a French-speaking country to earn some money so you can travel afterwards. How do you go about it?

IN THIS UNIT, you will find out how to read and understand job adverts, and to talk about your work with friends, family and employers.

WHAT IF you have found a job but want to talk more with your new colleagues or boss, or want to improve your chances or getting a better job?

This unit will help you to

* ★ *talk about your present job in an interview*
* ★ *talk to a new colleague about getting to work*
* ★ *say when you are available to work*
* ★ *find out about the wages and other conditions of other workers*
* ★ *talk about what job you would like to do in the future*

BUT FIRST, read this story. Sophie meets Marc at a nightclub. He seems to have a good job and plenty of money – so why can't he ever afford to stop working?

Sophie et Marc

Sophie rencontre un jeune homme à la discothèque. Il a l'air d'avoir beaucoup d'argent.

Sophie et Marc: quelques questions

 **1** **Lis et comprends l'histoire!**

  2 **Théâtre.** **Jouez les rôles.**

 **3** **Lis!** **Vrai, faux ou ?**   * *a: faux*

   a Marc a une Lada.
   b Marc a une BMW.
   c Sophie travaille dans une agence de voyages.
   d Sophie travaille dans un bureau.
   e Marc travaille tous les week-ends.
   f Marc travaille tous les jours.
   g Marc a un boulot bien payé.
   h Marc a un boulot mal payé.
   i Marc est un super mec!

  4 **Ecris!** **Recopie les sous-titres dans le bon ordre.**

   a Leurs boulots
   b Marc explique pourquoi
   c Un super mec?
   d Un cocktail?
   e On va sortir?
   f Dans le bar
   g Il n'a pas de BMW?

7A

Tu passes un entretien pour un boulot. On te demande: Où travaillez-vous en ce moment?

Je travaille dans ...

a un magasin

c une usine

e un supermarché

b un bureau

d un hôtel

---

  1 **Ecoute! 1–5** Où travaillez-vous?

Ecris **a**, **b**, **c**, etc.   *1 c

  Puis écris les mots.   *1 une usine

---

2 **Parlez!** Où travaillez-vous?

Travaillez à trois ou quatre.

Préparez des cartes. Dessinez les symboles **a-e** sur les cartes.

A Pose la question: *Où travaillez-vous?*

B Regarde les cartes. Réponds: *Je travaille dans ... Où travaillez-vous?*

C Regarde les cartes. Réponds ...

Continuez ...

  Cachez les mots!

---

  3 **Ecoute! 1–5** C'est où?

Mets les images dans le bon ordre.   * g, ...

C'est ...
f dans une zone industrielle
g dans le centre-ville
h à la sortie de la ville

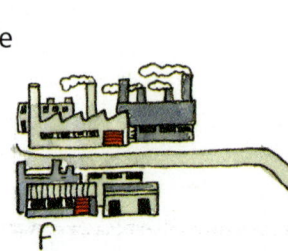

4 **Parlez!** Où travaillez-vous?

Travaillez à deux. Lisez la conversation à haute voix.

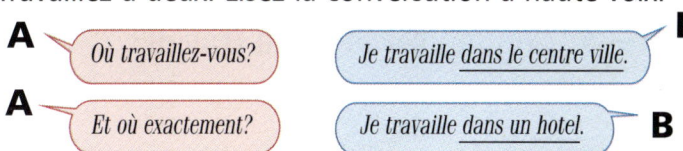

A *Où travaillez-vous?* **B** *Je travaille dans le centre ville.*

A *Et où exactement?* *Je travaille dans un hotel.* **B**

B Change les mots soulignés:

a dans le centre-ville dans un hôtel
b à la sortie de la ville dans un magasin
c dans le centre-ville dans un bureau
d dans la zone industrielle dans une usine
e à la sortie de la ville dans un supermarché

 **5** **Ecris!** Deux conversations

Choisis 2 conversations de **4**. Ecris-les en français.

A **Où travaillez-vous?* **B** **Je travaille ...*

6 **Lis!** Où travaillent-ils?

Lis les lettres. Réponds aux questions en français. *** a Jules**

Qui travaille dans ... Et qui travaille ...
a une usine? **f** dans le centre-ville?
b un supermarché? **g** à la sortie de la ville?
c un hôtel? **h** dans une zone industrielle?
d un bureau?
e un magasin?

Chantelle
En ce moment je travaille dans le centre-ville dans un bureau. C'est une agence de voyages.

Jules
Je travaille chez Verdun. C'est une usine, et je travaille dans une nouvelle zone industrielle.

Marcel
Pendant la journée je travaille dans un petit supermarché à la sortie de la ville. Le soir je travaille dans un hôtel dans le centre-ville.

Maxine
Je travaille dans le centre-ville, dans un magasin. J'aime bien le travail, c'est vraiment intéressant.

Mots-clés

où travaillez-vous?	where do you work?
je travaille dans	I work in
une usine	a factory
un magasin	a shop
un hôtel	a hôtel
un bureau	an office
un supermarché	a supermarket
c'est où?	where is it?
dans une zone industrielle	in an industrial estate
dans le centre-ville	in the town centre
à la sortie de la ville	on the edge of town

7B

Tu as un nouveau/une nouvelle collègue au boulot.
Il / Elle demande: Comment vas-tu au travail?

1 Ecoute! 1–5 Comment vas-tu au travail?

Ecris **x**, **y**, ou **z**. *1 y

x Je vais en bus.

y Je vais en voiture.

z Je vais à pied.

2 Parlez! Comment vas-tu au travail?

A Apprends la question: Comment vas-tu au travail?

B Apprends les trois bulles **x**, **y** et **z**.

Préparez les trois conversations.

3 Ecoute! 1–5 Que penses-tu du travail?

Ecris les bonnes lettres. *1 a

 Ecris les bons mots aussi. *1 a - bien payé

a bien payé   **c** intéressant   **d** mal payé   **f** ennuyeux

b facile   **e** difficile

4 Parlez! Que penses-tu?

Apprenez les mots de **3**. Cherchez les paires. Vite!!

A *Facile?   *Difficile! Mal payé? **B**   **A** *Bien payé!

Continuez …

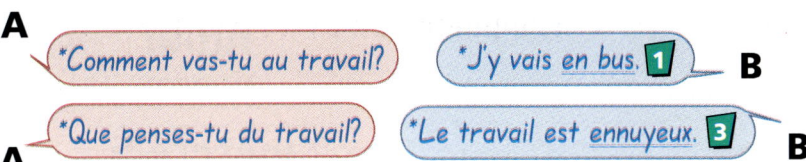

 5 **Ecris!** Des conversations

Change les mots soulignés. Ecris trois conversations.

A
*Comment vas-tu au travail?

B
*J'y vais en bus. **1**

A
*Que penses-tu du travail?

B
*Le travail est ennuyeux. **3**

 **6** **Parlez!** Deux conversations

Travaillez à deux.

Lisez deux de vos conversations de **5** à haute voix.

◎ ◎ Apprenez une conversation.

 **7** **Lis!** Que pensent-ils du travail?

Le travail est ...

◎ Ecris un mot. * a intéressant

◎ ◎ Ecris une phrase. * a Le travail est intéressant.

a
Je travaille dans le centre-ville. J'aime mon travail, il est intéressant.

Moi, je travaille dans la zone industrielle, et j'y vais en voiture. Le travail est facile.

c

b
Je vais au travail à pied, et mon travail est excellent, bien payé, aussi!

Moi, je vais au travail en bus. Je travaille dans un bureau dans un grand bâtiment près de la rivière, mais je n'aime pas le travail. Il est toujours très ennuyeux.

d

Mots-clés

comment vas-tu au travail?	how do you get to work?
je vais, (j'y vais)	I go, (I go there)
en bus	by bus
en voiture	by car
à pied	on foot
que penses-tu ?	what do you think?
le travail est ...	the work is ...
bien payé	well paid
mal payé	badly paid
facile	easy
difficile	difficult
intéressant	interesting
ennuyeux	boring

7C

Tu passes un entretien pour un petit boulot. Tu dis quand tu peux travailler.

 1 Ecoute! 1–7 Quel jour?

Ecris le jour.   * *1 mercredi*

lundi Monday	**mardi** Tuesday
mercredi Wednesday	**jeudi** Thursday
vendredi Friday	**samedi** Saturday	**dimanche** Sunday

2 Parlez! Les jours de la semaine

Travaillez à trois ou quatre! Apprenez les jours.

A *lundi*
B *mardi*
C *mercredi*

Continuez …

A *lundi*
B *lundi, mardi*
C *lundi, mardi, mercredi*

Continuez …

 **3 Ecoute! 1–7** Les jours et les heures de travail

Ecris **a**, **b**, **c** ou **d**.   * *1 d*

Je travaille …

lundi → vendredi
a pendant la semaine

samedi / dimanche
b le week-end

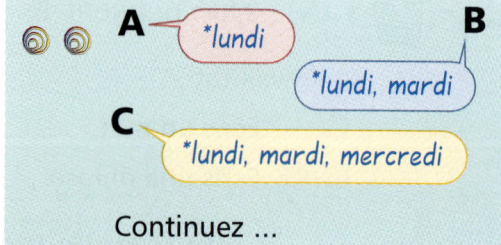

c de 8 heures à 16 heures

d de 9 heures à 17 heures

4 Parlez! Les jours et les heures de travail

Travaillez à deux. Préparez des cartes avec les images **a–d** **3** .

A Pose la question: *Quand travaillez-vous?*

B Réponds: *Je travaille …*

 B Change les heures.

A *Quand travaillez-vous?*
B *Je travaille le week-end.*

 **5** **Ecris!** Quand travaillez-vous?

Recopie et complète: *a lundi, mardi, mercredi*

a lundi, mardi, ...?...

b vendredi, samedi, ...?...

c mardi, mercredi, ...?...

d samedi, ...?... , lundi

e mercredi, ...?... , vendredi

f pendant la ...?...

g ...?... week-end

h de neuf ...?... à dix-sept ...?...

 **6** **Lis!** Quand doivent-ils travailler?

Lis et note les renseignements en français: • les jours ...

• les heures ...*a samedi 9 h - 17 h

a
> Je travaille tous les samedis, de neuf heures à dix-sept heures.

b
> Moi, je travaille de huit heures à seize heures, le lundi et le mardi.

c
> Je travaille seulement le week-end – le samedi et le dimanche. Je commence à huit heures, et je rentre chez moi à dix-sept heures.

d
> Je travaille le dimanche - je commence à sept heures du matin. Je finis à onze heures.

Mots-clés

quand travaillez-vous?	*when do you work?*
je travaille	*I work*
de ... heures à ... heures	*from ... o'clock to ... o'clock*
lundi	*Monday*
le lundi	*on Mondays*
mardi	*Tuesday*
mercredi	*Wednesday*
jeudi	*Thursday*
vendredi	*Friday*
samedi	*Saturday*
dimanche	*Sunday*
tous les jours	*every day*
pendant la semaine	*during the week*
le week-end	*(at) the weekend*

7D *Tu es en stage en France. Tu fais un sondage sur les salaires et les conditions de travail.*

Je suis …

a coiffeur   coiffeuse   **b** mécanicien   mécanicienne   **c** vendeur   vendeuse

 **1** **Ecoute!** **1–6** Que faites-vous?

Ecris **a**, **b** ou **c** dans le bon ordre.   *1 a, …*

 C'est un homme ou une femme?

Dessine ou .   *1 a*

 2 **Parlez!** Que faites-vous?

A Pose la question: *Que faites-vous?*

B Choisis une image **(a-c)**. Réponds. *Je suis …*    Attention! 🧍 ou 🧍 ?

Continuez …

 3 **Ecoute!** **1–6** Combien de jours travaillez-vous?

Ecris **1 jour**, **2 jours**, **3 jours**, etc.   *1: 3 jours*

 4 **Ecoute!** **1–6** Combien d'heures travaillez-vous?

Ecris **2 heures**, **3 heures**, etc.   *1: 5 heures*

5 **Parlez!** Des conversations

Travaillez à deux. Apprenez la conversation:

B

Combien de jours travaillez-vous?

Je travaille deux jours par semaine.

A

A

B

Et combien d'heures travaillez-vous?

Je travaille huit heures par jour.

B Change les mots soulignés:

les jours	les heures
quatre	sept
trois	neuf
cinq	six

6 **Lis!** Que faites-vous? Quand travaillez-vous?

Nous avons posé ces questions à des jeunes français.
Lis les réponses. Recopie et complète la grille.

a

Je suis coiffeur. Je travaille trois jours par semaine. Chaque jour, je dois travailler huit heures.

	travail	jours	heures	homme / femme?
a	* coiffeur	3	8	
b				
c				
d				

b

Moi, je suis vendeuse dans un grand magasin dans le centre-ville. Je travaille sept heures par jour, cinq jours par semaine.

c

Je suis mécanicienne. Je travaille le week-end - le samedi et le dimanche. Je dois travailler six heures par jour.

d

Je travaille aussi dans un garage. Je suis mécanicien, et je travaille cinq jours par semaine, huit heures par jour.

Mots-clés

que faites-vous?	*what do you do?*
je suis ...	*I am a ...*
coiffeur, coiffeuse	*hairdresser*
mécanicien, mécanicienne	*mechanic*
vendeur, vendeuse	*salesperson*
combien de jours ...	*how many days ...*
combien d'heures ...	*how many hours ...*
travaillez-vous?	*do you work?*
je travaille ...	*I work ...*
par semaine	*per week*
par jour	*per day*

7E

Tu es en stage en France. Tu discutes du travail que tu aimerais faire un jour.

Que veux-tu faire? Je veux être ...

a agent de police   **b** chauffeur d'autobus   **c** infirmier   **d** opérateur sur ordinateur

agent de police **a**   chauffeur d'autobus **b**   infirmière **c**   opératrice sur ordinateur **d**

1 Ecoute! 1–6 Que veux-tu faire plus tard?

Ecris les bonnes lettres.   ** 1 d, ...*

◎ ◎ C'est un homme ou une femme?
Ecris **homme** ou **femme**.   ** 1 d femme*

2 Parlez! Devinez!

Regardez les boulots.

A Choisis un boulot.   **B** Devine! **Un homme?* **B**

A **Non!*   **Une femme!* **B**

A **Oui!*   **Opératrice sur ordinateur?* **B**

A **Non!*   **B** Continuez ...

3 Ecoute! 1–6 Que fait ...?

◎ Ecris **a**, **b**, **c** ou **d**.   ** 1 b*

◎ ◎ Complète la phrase **Il est ...** ou **Elle est ...**

* 1 Elle est chauffeur d'autobus.

1 Stéphanie   **2** Louise   **3** Nabila
4 Franck   **5** Rachid   **6** Nico

4 Parlez! Que fait ...?

A Vérifie tes réponses de **3** avec ton / ta partenaire.

A **Stéphanie est chauffeur d'autobus?* **Oui. Louise est agent de police?* **B**

Continuez ...   **Non! Louise est ...* **A**

5 **Lis!** Que fait ... et que veux-tu faire?

Lis les petits entretiens.

◉ Recopie et complète la grille avec les lettres **a-d** de ❶.

◉ ◉ Ecris une phrase pour chaque personne.

* André est infirmier. ou *André veut être agent de police.*

André

Je suis infirmier, mais je voudrais être agent de police.

Suzanne

Moi, je travaille en ville - je suis chauffeur d'autobus. Mais je voudrais être agent de police, si possible.

	est	veut être ...
André	* c	* a
Suzanne		
Yannick		
Patricia		
Jean-Luc		

Yannick

Je travaille dans un grand bureau. Je suis opérateur sur ordinateur, et je veux rester opérateur sur ordinateur. C'est vraiment intéressant!

Patricia

Je suis opératrice sur ordinateur dans la police; oui, je suis agent de police aussi.

Jean-Luc

Je veux être infirmier, mais en ce moment, je suis chauffeur d'autobus.

6 **Parle!** Que veux-tu faire?

Cherche des mots dans un dictionnaire, si tu veux!

Apprends la question *Que veux-tu faire?* et la réponse  *Je veux être ...*

Pose la question à tes copains et tes copines. Note les réponses.
Réponds à leur questions.

Mots-clés

que veux-tu faire (plus tard)?	*what do you want to do (later)?*
je veux être ...	*I want to be a ...*
il/elle veut être ...	*he/she wants to be a ...*
que fait ... dans la vie?	*what job does ... do?*
un homme	*a man*
une femme	*a woman*
il / elle est	*he/she is ...*
agent de police	*a police officer*
chauffeur d'autobus	*bus driver*
infirmier, infirmière	*nurse*
opérateur sur ordinateur	*computer operator (male)*
opératrice sur ordinateur	*computer operator (female)*

ENTREPRISE INDIVIDUELLE 7

You have arrived at last! You are living in France. First you look for a job, then you find one, and then talk about jobs - real or imaginary - with your friends.

  A **Une petite annonce pour un job**

Que veux-tu faire? Ecris une petite annonce pour un boulot.

C'est quel boulot? ◀◀ à la page 102 **1**

C'est comment? Intéressant, bien payé, etc.? ◀◀ à la page 104 **3**

C'est pendant la semaine, le week-end, etc.? ◀◀ à la page 106 **3**

Combien de jours / d'heures par semaine? ◀◀ à la page 109 **5**

EMPLOIS
OFFRES

DEM. EMPLOIS

 **B** **Un message pour le répondeur automatique**

Tu as trouvé un boulot! Téléphone chez toi!

Où travailles-tu? ◄◄ | à la page 102 **1**

C'est où? ◄◄ | à la page 102 **3**

Comment vas-tu au travail? ◄◄ | à la page 104 **1**

C'est comment? Facile ou difficile? ◄◄ | à la page 104 **3**

 **C** **Trois bulles**

Demande à 3 copains / copines: *Que veux-tu faire?*   ◄◄ | à la page 111 **5**

Dessine 3 bulles et écris les noms. Ecris les réponses dans les bulles.

Lisa   *Je voudrais être coiffeuse.*

MOTS EXTRA

à la campagne	*in the country*	par le métro	*by metro*
dans un village	*in a village*	un/e électricien/ne	*electrician*
une colonie de vacances	*holiday village*	un serveur/une serveuse	*waiter/waitress*
une station de vacances	*a holiday resort*	un/e secrétaire	*a secretary*
dans un complexe sportif	*in a sports centre*	un/e prof	*a teacher*
dans le Syndicat d'Initiative	*in the tourist office*	un/e chauffeur de poids lourds	*a lorry driver*
à vélo	*by bike*		
par le train	*by train*	une hôtesse de l'air	*air stewardess*

Mini-test 7

 **1 Ecris!** Au boulot

Recopie et complète les bulles.

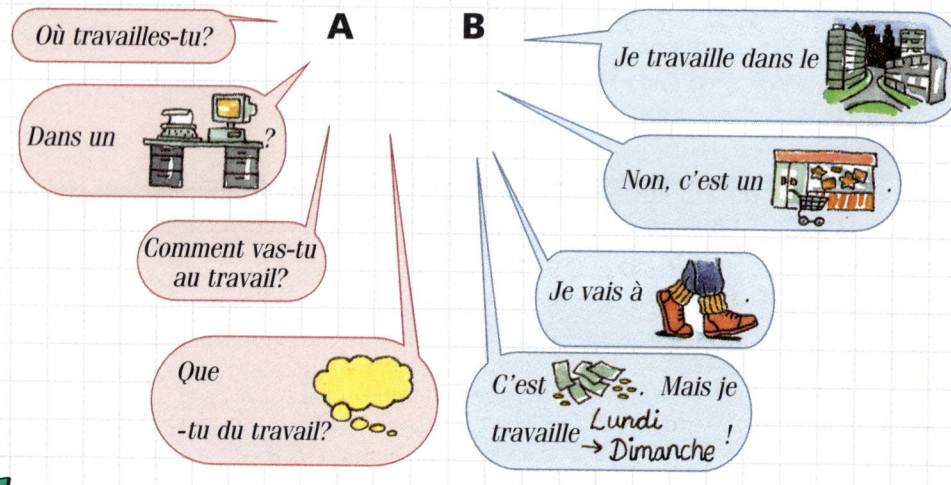

A

Où travailles-tu?

Dans un [___] ?

Comment vas-tu au travail?

Que [___]-tu du travail?

B

Je travaille dans le [___].

Non, c'est un [___].

Je vais à [___].

C'est [___]. Mais je travaille *Lundi → Dimanche* !

 **2 Ecoute! 1-4** Au travail

- C'est où, le job?
- C'est quel job?
- Quelles sont les heures de travail?

Réponds au questions. Ecris les bonnes lettres.   *1: a, i, m*

a    **b**   **c**   **d**

e   **f**   **g**   **h**   **i**

j 9 h - 5 h   **k** 9 h - 4 h   **l** 8 h - 6 h   **m** 8 h - 4 h

EXTRA!

 Ecoute! 1-4 Au boulot

Note les renseignements en français.

1 bureau, centre-ville, 8 h - 16 h, lundi - vendredi

J'habite et je travaille à l'étranger

Your French exchange partner offers you the brilliant opportunity to stay with him/her and work in France for four months. Will you be able to deal with everyday problems and enjoy the company of new colleagues?

IN THIS UNIT, you will find out how to do just that. You will also find out how to help your French exchange partner if he/she wants to experience life in the UK.

WHAT IF you need to deal with an emergency or report a theft?

This unit will help you to

★ *chat to a French colleague about his/her journey*
★ *work in a tourist office, giving local information*
★ *fix up a meeting by phone, spelling out your name*
★ *cope with emergencies while working in a hotel*
★ *help people who have had things lost or stolen*

BUT FIRST, read this story. Thierry is keen to do well at work. He has set up a meeting with an important client - but he has problems with his car on the way. Will he make it in time?

Un rendez-vous

Thierry veut réussir au boulot. Il a un rendez-vous avec une cliente importante. Mais il est en panne! Est-ce qu'il va arriver à temps?

Un rendez-vous: quelques questions

1 **Lis et comprends l'histoire!**

2 **Lis!**

Mets les sous-titres dans le bon ordre. * *c, ...*

- **a** Au secours!
- **b** Dans le tabac
- **c** Un rendez-vous est arrangé
- **d** En panne!
- **e** Le rendez-vous
- **f** On a volé la voiture

3 **Ecris!**

Recopie et complète les phrases correctes.

A Thierry voudrait un rendez-vous ...
- **a** lundi
- **b** jeudi
- **c** mardi

B Il y a un téléphone ...
- **a** dans le tabac
- **b** dans le foyer
- **c** dans la rue

C On a volé ...
- **a** une valise
- **b** un sac
- **c** une voiture

D Il faut téléphoner ...
- **a** à l'hôtel
- **b** à la prison
- **c** à la police

E A la fin de l'histoire, Thierry est ...
- **a** super content
- **b** fatigué
- **c** en panne

4 **Théâtre!** **Travaillez à trois ou quatre. Jouez les rôles.**

8A

Un français / une française va travailler dans ton bureau. Tu vas le/la chercher à l'aéroport.

 **1 Ecoute! 1–5** Comment ça va?

 Bien. Je suis super content/e.

 Pas très bien. Je suis fatigué/e.

Dessine  ou . *1

 Puis écris les mots.

*1 *pas très bien*

Attention!

super content fatigué	super contente fatiguée

 **2 Parlez!** Comment ça va?

Travaillez à trois.

Lisez la conversation à haute voix.

A *Comment ça va?*   *Pas très bien! Je suis fatigué/e.* **B**

A *Et toi?*   *Bien! Je suis super content/e!*

C

 Apprenez la conversation, si possible.

 3 Ecoute! 1–5 Pendant le voyage

Qu'est-ce qu'ils ont fait?

Ecris **a**, **b**, ou **c**.   *1 a*

 Ecris les mots.   *1 lu un livre.*

a J'ai lu un livre.

b J'ai écouté des CD.

c J'ai regardé un film.

 **4 Parlez!** Pendant le voyage

Apprenez la conversation. **A** *Pendant le voyage, qu'est-ce que tu as fait?*

B Choisis *une* réponse.

J'ai lu un livre. ou *J'ai écouté des CD.* ou *J'ai regardé un film.*

B Apprends *les trois* réponses!

5 Lis! Pendant le voyage

Lis l'interview. Mets les phrases dans le bon ordre. * *b, ...*

Les sous-titres:
a J'étais fatiguée!
b Je suis allée à Paris.
c J'étais super contente d'arriver.
d J'ai regardé un film.
e J'ai écouté des CD.

Je suis allée à Paris ...

Qu'est-ce que tu as fait?

Au début, j'ai écouté des CD. Après, j'étais fatiguée, et j'ai dormi un peu.

Et puis?

Et enfin?

Puis, j'avais tellement faim – et soif. J'ai beaucoup mangé.

Enfin, j'ai regardé un film. J'étais super contente d'arriver!

 6 Ecris! Qu'est-ce que tu as fait?

Recopie les phrases et complète-les. * *Je suis allé à Paris.*

a Je suis allé à ....
b J'ai .... des CD.
c .... ça va?
d J'ai .... un livre.

e Pendant le ....
f Qu'est-ce que tu as ....?
g J'ai .... un film.

Paris
écouté
voyage
Comment
regardé
lu

Mots-clés

comment ça va?	*how are you?*
bien	*fine*
pas très bien	*not very well*
je suis ...	*I am ...*
fatigué, fatiguée	*tired*
super content, super contente	*excited*
qu'est-ce que tu as fait?	*what did you do?*
pendant le voyage	*during the trip*
j'ai lu un livre	*I read a book*
j'ai écouté des CD	*I listened to some CDs*
j'ai regardé un film	*I watched a film*

8B Tu travailles au Syndicat d'Initiative. Tu aides des visiteurs français.

a Un téléphone?
b Un bureau de poste?
c Une boîte aux lettres?
d Dans le tabac!
e Dans le foyer!
f Au coin!
g Là-bas!

---

1 Ecoute! Qui parle?

Mets les bulles dans le bon ordre.   * c, ...

2 Parlez! Y a-t-il ... près d'ici?

Travaillez à deux. Préparez les conversations.

A Un bureau de poste, Un téléphone, Une boîte aux lettres, s'il vous plaît?   **B** Oui, voilà!

A Y a-t-il un bureau de poste un téléphone une boîte aux lettres près d'ici?   **B** Oui, voilà!

3 Ecoute! 1–7 C'est où?

Ecris **d**, **e**, **f** ou **g**.   * 1 e

Ecris les mots français.   * 1 dans le foyer

4 **Lis!** Trouve les paires!

Regarde les cartes. Forme les paires. * *a - e*

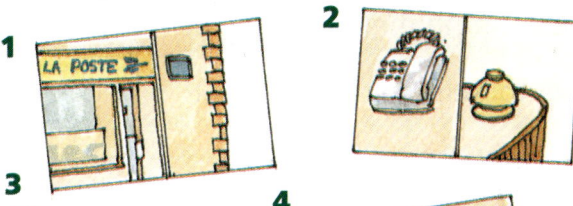

a Il y a un bureau de poste …
b … dans le foyer, je crois.
c Il y a un téléphone …
d … dans le tabac, n'est-ce pas?
e … au coin.
f Il y a une boîte aux lettres …
g Il y a un téléphone …
h … là-bas.

5 **Parlez!** C'est où?

Travaillez à deux. Regardez les cartes et les réponses de **4**.
Imaginez des conversations.

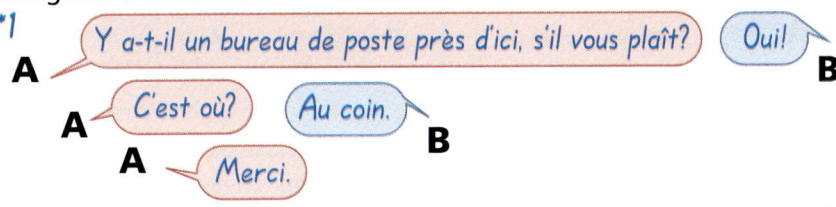

*1
A Y a-t-il un bureau de poste près d'ici, s'il vous plaît? **B** Oui!
A C'est où? **B** Au coin.
A Merci.

6 **Ecris!** Comment?

Recopie les phrases, sans erreurs! * *a Il y a un téléphone dans le foyer.*
a Ilyauntéléphonedanslefoyer.
b Ilyauntéléphonedansletabac.
c Ilyaunbureaudeposteaucoin.
d Ilyauneboîteauxlettresdanslebureaudeposte.

Mots-clés

y a-t-il … près d'ici?	*is there … near here?*
un téléphone	*a telephone*
une boîte aux lettres	*a postbox*
un bureau de poste	*a post office*
oui, voilà	*yes, there it is*
c'est où?	*where is it?*
dans le tabac	*in the tobacconist's*
dans le foyer	*in the entrance hall*
au coin	*on the corner*
là-bas	*over there*

8C

Tu veux arranger un rendez-vous.

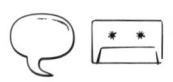 **1** **Ecoutez et parlez!** L'alphabet

Travaillez à deux. Ecoutez la conversation et l'alphabet:

A *Bonjour. Je m'appelle Moss. M-O-S-S.*

B *Bonjour.*

A *Puis-je parler à Madame Duval?*

L'alphabet

a b c d e f g h i j k l m n o p q r s t u v w x y z

A B C D E F G H I J K L M N O P Q R S T U V W X Y Z

- Apprends les lettres de ton nom.   * M-O-S-S
- Apprends la conversation. Donne ton nom.

A **Bonjour. Je m'appelle Davis. D-A-V-I-S.*

B **Bonjour ...*

 2 **Ecoute!** **1–5** Quel jour?

Trouve les paires. Recopie-les.
* 1 jeudi - Parker

lundi	Gabriel
mardi	Boulanger
mercredi	Parker
jeudi	Colis
vendredi	Jolibois
samedi	
dimanche	

3 **Parlez!** Un rendez-vous

Préparez la conversation. Changez les mots soulignés.

A *Je voudrais un rendez-vous, s'il vous plaît.*

B *Quel jour?*

A *Lundi. Ça va?*

B *Oui, lundi, ça va.*

B *Lundi? Non. Mardi?*

A *Oui, mardi, ça va.*

 4 **Ecoute!** **1–6** A quelle heure?

Un rendez-vous à ... heures.

Ecris l'heure.   * 1: 3 heures

Ecris le nom aussi.   * 1: 3 heures, Bonner

5 **Parlez!** A quelle heure?

Continuez la conversation de **3**.

Lisez la conversation à haute voix. Changez les mots soulignés.

B *A quelle heure?* *A dix heures?* **B** *Dix heures, oui, ça va.* *Merci, à lundi. Au revoir.* **A**

Relisez les conversations **1** **3** **5** ensemble.

 **6** **Lis!** Un rendez-vous: ça va?

Lis l'agenda.

Un rendez-vous: ça va? Ecris **oui** ou **non**.
a lundi à 11 h   * *a non*
b lundi à 16 h
c mardi à 10 h
d mercredi à 10 h
e jeudi à 12 h
f vendredi à 9 h

> **lundi**
> 10 h - 12 h M Joisson
> **mardi**
> 15 h - 16 h Mme Jillet
> **mercredi**
> 9 h - 11 h M Jeambach
> **jeudi**
> 11 h - 13 h M Gabriel
> **vendredi**
> 11 h - 12 h Mme Jolibois

 **7** **Ecris!** Un rendez-vous

Ecris des fax.

Ecris 1 fax.   Ecris 3 fax.

- Donne ton nom et ton no. de téléphone.

- Demande un rendez-vous pour:

* *Je m'appelle Moss. (0181 2562567)*
  Je voudrais un rendez-vous
  pour mardi, à 11 heures. Ça va?

quel jour?	à quelle heure?
mardi	11h
jeudi	10h
mercredi	12h
lundi	16h
vendredi	9h

Mots-clés

puis-je parler à ... s'il vous plaît?	can I speak to ... please?
Madame, Monsieur	Mrs, Mr.
je voudrais un rendez-vous	I'd like to meet you
je m'appelle	my name is ...
quel jour?	which day?
ça va?	is that OK?
à quelle heure?	at what time?
à ... heures	at ... o'clock
merci, au revoir	thanks, goodbye
à lundi	see you on Monday

8D

Tu travailles dans un hôtel français. Que faire, en cas d'urgence?

Au secours!

a La police!

b Une ambulance!

c Les pompiers!

d Un médecin!

e Un garage!

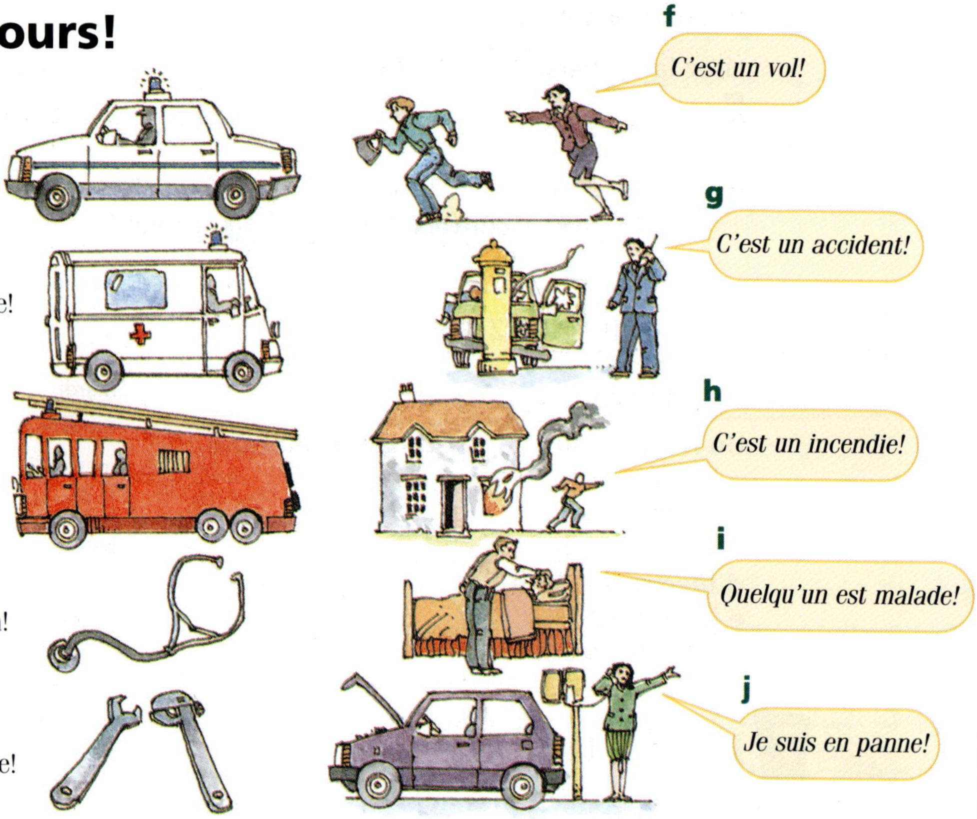

f *C'est un vol!*

g *C'est un accident!*

h *C'est un incendie!*

i *Quelqu'un est malade!*

j *Je suis en panne!*

1 Ecoute! 1–5 Au secours!

Mets les bulles **a-e** dans le bon ordre.   * *b, ...*

2 Ecoute! 1–5 Qu'est-ce qu'il y a?

Regarde l'image. Trouve les paires.

   *   ◎   *1 b - g*   ◎ ◎   *1 ambulance - accident*

3 Parlez! Au secours!

Travaillez à deux. Apprenez les bulles.

A Choisis une bulle.

B Indique la bulle du doigt.  *Un médecin!*

  ◎ ◎   Ajoutez "Au secours!"   *Au secours! Un médecin!*   **B**

4 **Parlez!** Qu'est-ce qu'il y a?

Travaillez à deux.
Imaginez des conversations.

A Choisis une bulle **a-e**. *Un médecin!*   **B** *Qu'est-ce qu'il y a?*

A Choisis une bulle **f-i**. *C'est un accident!*   Attention au sens!

◎ ◎ Apprenez deux conversations par cœur. N'oubliez pas "Au secours!"

5 **Lis!** Au secours!

Trouve les paires. * a - 6

2   **4**   **6**   **8**

1   **5**   **7**   **9**

3

a	C'est un vol!	d	Je suis en panne!	g	Les pompiers!
b	La police!	e	Une ambulance!	h	Un garage!
c	Un médecin!	f	C'est un incendie!	i	Quelqu'un est malade!

6 **Ecris!** Qu'est-ce qu'il y a?

Débrouille les phrases. Recopie-les en français.
* a Une ambulance! C'est un accident!

a un accident! C'est Une ambulance!
b un vol! C'est La police!
c C'est Les pompiers! un incendie!
d Un médecin est Quelqu'un malade! !
e Je suis Un garage en panne! !

Mots-clés

au secours!	*help!*	c'est ...	*it is ...*
un médecin	*a doctor*	un incendie	*a fire*
la police	*the police*	un accident	*an accident*
une ambulance	*an ambulance*	un vol	*a theft*
les pompiers	*the fire brigade*	quelqu'un est malade	*someone is ill*
un garage	*a garage*	je suis en panne	*I've broken down*
qu'est-ce qu'il y a?	*what's the matter?*		

Tu travailles dans un hôtel, à la reception. Tu aides des français qui ont perdu quelque chose.

a On a volé ma voiture!

Qu'est-ce qu'il y a?

e J'ai perdu ma clé!

f J'ai perdu ma valise!

b On a volé mon passeport!

c On a volé mon argent!

d J'ai perdu mon sac!

---

1 Ecoute! 1–6 Qu'est-ce qu'il y a?

Regarde l'image. Ecris **a**, **b**, **c**, etc. * *1 e*

◎ ◎ Ecris **volé** ou **perdu** aussi. * *1 e - perdu.*

---

2 Parlez! Qu'est-ce qu'il y a?

Travaillez à trois. Regardez l'image. Jouez les rôles.

A *Qu'est-ce qu'il y a?* **B A** *Qu'est-ce qu'il y a?*

On a volé mon argent! **C** *J'ai perdu ma valise!*

Continuez ...

◎ ◎ **B** et **C**: Faites deux choses: *On m'a volé ma voiture et j'ai perdu ma valise!*

---

3 Ecoute! Où ça?

Où ça?

g Dans ma chambre.

h Dans le vestiaire.

i Dans la rue.

j Je ne sais pas!

◎ Mets les bulles dans le bon ordre. * *h, ...*

◎ ◎ Ecris les mots dans le bon ordre. * *le vestiaire, ...*

4 **Parlez!** Où ça?

Continuez les rôles de **2**:

A Où ça?

B Choisis une réponse: **g**, **h**, **i** ou **j**.

A *Qu'est-ce qu'il y a?* **B** *On a volé mon argent!*

A *Où ça?* **B** *Je ne sais pas!*

 Apprenez une conversation par cœur.

5 **Lis!** Qu'est-ce qu'il y a?

Lis **a-d**. Recopie et complète la grille.

	quoi?	où?	perdu?	volé?
a	* sac	vestiaire	✓	
b				
c				
d				

a Ah non! J'ai perdu mon sac! Dans le vestiaire, je crois.

b Qu'est-ce qu'il y a?
Où ça?
On a volé ma voiture.
Dans la rue, là-bas.

c Excusez-moi, on a volé ma valise – et mon passeport. Je ne sais pas exactement où - dans ma chambre, je crois.

d Perdu!
Dans la rue de Rivoli, samedi.
Ma clé et de l'argent.
Tél. 02 35 42 41 66

6 **Ecris!** Perdu!

Ecris des petites annonces. (Regarde **d** de **5**)

a perdu - passeport - rue * Perdu! ...
b perdu - sac - vestiaire
c volée - voiture, Renault Clio - rue de Reims * Volée! ...

Mots-clés

qu'est-ce qu'il y a?	*what's the matter?*	ma voiture	*my car*
j'ai perdu ...	*I've lost ...*	où (ça)?	*where?*
on a volé ...	*someone has stolen ...*	dans ...	*in ...*
mon argent	*my money*	ma chambre	*my room*
mon passeport	*my passport*	le vestiaire	*the changing room*
ma clé	*my key*	la rue	*the street*
mon sac	*my bag*	je ne sais pas	*I don't know*
ma valise	*my case*		

ENTREPRISE INDIVIDUELLE 8

You have just returned from France where you stayed with a French family. It's time to say 'thank you'.

 ## A Un courrier électronique

Ecris un e-mail à ton hôte / ta hôtesse français/e.
Commence par: **Je suis arrivé/e à ... heures.**

Réponds aux questions:

- Comment ça va?

  Bien, ou pas très bien? Super content/e? Fatigué/e?
◀◀ à la page 118 **2**

- Qu'est-ce que tu as fait pendant le voyage? ◀◀ à la page 119 **4**

  Finis par: **Merci beaucoup. Au revoir.**

MEMENTO

❑ **Service médical:** du samedi 28 décembre à 12h au lundi 30 décembre à 07h, Dr Arnaud à l'Huisserie, tél 02.43.72.14.03 ainsi que Mardi 31 décembre à 18h au jeudi 02 janvier à 07h.
❑ **Pharmacie:** samedi de 8h à 12h15 et de 14h30 à17h, Dubois à l'Huisserie.
❑ **Infirmières:** tél, 02.43.70.19.43 ou 06.08.12.22.85.
❑ **Ambulances:** Agreés de la Mayenne, Nuillé sur Vicoin, tel 02.43.61.55.23.
❑ **Renault Assistance:** tel, 02.43.73.72.60.
❑ **Corrrespondant:** Jeannot, tél 02.43.01.37.42, aux heures de repas.

MEMENTO

Service médical: Dimanche, Dr Sudac à Argentré Tél: 02.43.23.09.33, mercredi 1er janvier, Dr Seydoux à Argentré Tél: 02.43.44.12.30
Infirmières: Centre de soins, route du Mans, Tél: 02.43.67.47.93
Pompiers: 19
Correspondant: M. Auguste Gini "La Gazette" 5 rue de Rivoli, Montsûre Tél: 02.43.33.11.05

APPELS URGENTS

SAMU - Aide médicale d'urgence, SMUR: 16
POMPIERS - Tél 19
CENTRE ANTIPOISONS: tél: 20.53.67.67
AMBULANCES - Garde départementale ATSU 62: 21 72 42 10
SON AMITIE: tél. 21 73 77 14

MOTS EXTRA

j'ai soif	I'm thirsty
j'ai faim	I'm hungry
j'ai lu un magazine	I read a magazine
j'ai écouté mon baladeur	I listened to my Walkman
j'ai parlé avec des autres voyageurs	I spoke to some other travellers
j'ai joué ...	I played ...
aux jeux-vidéo	video games
aux cartes	cards
aux échecs	chess
j'ai dormi	I slept

Your French colleague has just arrived in England. Now it is your turn to be the host.

 **B** ## Un rendez-vous

Arrange un rendez-vous au téléphone avec ton / ta collègue.

Laisse un message sur son répondeur:

- tu veux parler à ton collègue 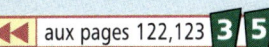 ◀◀ à la page 122 **1**
- tu veux un rendez-vous "
- donne ton nom, et épelle ton nom: M-O-S-S "
- quel jour? à quelle heure? ◀◀ aux pages 122,123 **3 5**

Finis par: **Ça va? Merci, au revoir**.

 **C** ## Une liste de numéros de téléphone

Ecris une liste de numéros en cas d'urgence, et l'adresse d'un bureau de poste, pour ton / ta collègue. ◀◀ à la page 124 **1**

En cas de ... Téléphonez à ...

vol   la police 999

Mini-test 8

1 Parlez! Au téléphone

A Tu veux un rendez-vous. Que faut-il dire?

mardi	10.00 *Madame Lebec ?*
mercredi	11.00 *Madame Lebec ?*
jeudi	

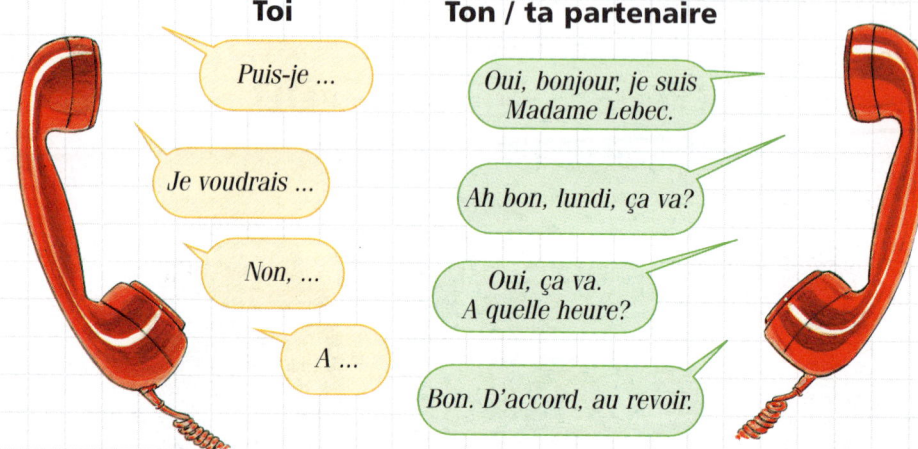

Toi

Puis-je ...

Je voudrais ...

Non, ...

A ...

Ton / ta partenaire

Oui, bonjour, je suis Madame Lebec.

Ah bon, lundi, ça va?

Oui, ça va. A quelle heure?

Bon. D'accord, au revoir.

2 Ecris! Un rendez-vous

Regarde ton agenda de **1**. Tu veux un rendez-vous avec Madame Lebec. Tu ne peux pas lui parler au téléphone. Envoie un fax. (N'oublie pas d'écrire ton nom.)

EXTRA!

Ecris! Une carte postale

Ecris une carte postale. Réponds aux questions:
- comment ça va?
- qu'est-ce que tu as fait pendant le voyage?
- qu'est-ce que tu as perdu?

Ici un exemple.

Salut Jean-Luc!
Comment ça va?
Moi ça va bien.
J'ai regardé un film
pendant le voyage.
J'ai perdu mon sac.
Non - on m'a volé
mon sac!
A lundi.
Sam

Jean-Luc Lestylo
26 avenue Général
Leclerc
Mouton-les-Bains
France

Le tourisme

You're on work experience in a tourist office (Syndicat d'Initiative) or hotel in France, and need to help the French-speaking tourists.

IN THIS UNIT, you will learn how to obtain information to help you get around and give this kind of information to others.

WHAT IF after working in France, you decide to travel around for a while to see more of the country and the people?

This unit will help you to

★ *work in a tourist office, providing maps and plans ...*
★ *... helping tourists find somewhere to stay*
★ *... helping them find a bus stop and make a bus journey*
★ *sell holiday clothes and souvenirs in a resort boutique*
★ *buy or sell souvenir T-shirts in various colours and sizes*

BUT FIRST, read this story. Béatrice works in a French tourist office (SI). She is very keen to be helpful and efficient, although she would like a chance to travel too. Will she get that chance?

Au Syndicat d'Initiative

Béatrice travaille dans un Syndicat d'Initiative.

ados = teenagers

Au Syndicat d'Initiative: quelques questions

 **1** **Lis et comprends l'histoire!**

 **2** **Théâtre.** **Travaillez à deux. Jouez les rôles.**

 **3** **Lis!** **Trouve les paires.**   * a - l

a Les ados cherchent une auberge de jeunesse ...

b Le touriste seul cherche un hôtel ...

c Il y a un T-shirt blanc ...

d Les ados ont laissé ...

e L'arrêt d'autobus est ...

f Il y a un bel hôtel ...

g ... et une casquette rouge dans le sac.

h ... leurs souvenirs.

i ... pour deux nuits.

j ... au coin, là-bas.

k ... dans le centre-ville.

l ... et un plan de la ville aussi.

 **4** **Ecris!**

Regarde l'histoire. Ecris un sous-titre pour chaque image.

* Image numéro 1: "Dans un Syndicat d'Initiative"

9A Tu travailles dans un Syndicat d'Initiative en France.

Avez-vous …   une carte de la région ? **a**
              un plan de la ville? **b**
              une brochure? **c**
              une liste …
                 des monuments? **d**
                 des restaurants? **e**
                 des distractions? **f**

 **1 Ecoute!**   Puis-je vous aider?

Mets les images **a-f** dans le bon ordre.   ** b, …*

 **2 Ecoute! 1–6**   Une liste, s'il vous plaît

   Ecris les bonnes lettres.   ** 1 d*

   Ecris les mots français.   ** 1 des monuments*

3 Parlez!   Au Syndicat d'Initiative

Travaillez à deux. Regardez l'image.
Préparez les 6 questions.   *Avez-vous …?*

  Apprenez les questions par cœur.

 **4** **Parlez!** Au Syndicat d'Initiative

Travaillez à trois ou quatre. Changez les mots soulignés. Jouez les rôles.

A *Bonjour Madame / Monsieur. Puis-je vous aider?*

B *Avez-vous un plan de la ville, s'il vous plaît?*

A *Oui, voilà!*

Merci, au revoir. **B**

B Demande *deux* choses:

B **Avez-vous un plan de la ville, s'il vous plaît? Et une liste des restaurants?*

 **5** **Ecris!** Puis-je vous aider?

Des phrases brouillées. Recopie les phrases dans le bon ordre.

* a Puis-je vous aider?
a aider Puis-je vous?
b Avez-vous une région de la carte?
c Avez-vous la ville de un plan?
d Une restaurants des liste, s'il vous plaît.
e Une monuments des liste, s'il vous plaît.
f une Avez-vous brochure, vous s'il plaît?

6 **Lis!** Au Syndicat d'Initiative

Regarde les phrases de **5**. Trouve les paires. ** a - 6*

1  **2**  **3**  **4**  **5**  **6**

Mots-clés

le Syndicat d'Initiative	the tourist office
puis-je vous aider?	can I help you?
avez-vous ...?	have you ...?
voilà!	here!
une carte de la région	a map of the area
un plan de la ville	a map of the town
une brochure	a brochure
une liste ...	a list ...
des monuments	of things to see
des distractions	of things to do
des restaurants	of restaurants

9B Tu es en stage dans un Syndicat d'Initiative. Des touristes cherchent un hôtel, etc.

1 Ecoute! Que cherchez-vous?

Je cherche ...

a un hôtel

b un camping

c un appartement

e une auberge de jeunesse

d une chambre d'hôte

Mets les images dans le bon ordre. * ◎ b, ...   ◎◎ un camping, ...

2 Ecoute! 1–6 Pour combien de nuits?

Pour ...

une nuit   deux nuits   trois nuits

Indique le nombre de nuits.   * 1: 3

◎◎ Y a-t-il de la place? Ecris **oui** ou **non** aussi.   * 1: 3, oui

3 Parlez! Au Syndicat d'Initiative.

Travaillez à deux.
Lisez la conversation à haute voix.

a A *Bonjour. Je cherche un hôtel.* *Pour combien de nuits?* **B** **A** *Pour deux nuits.*

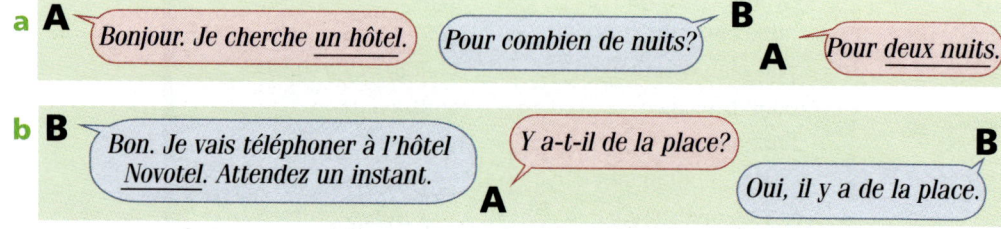

b B *Bon. Je vais téléphoner à l'hôtel Novotel. Attendez un instant.* *Y a-t-il de la place?* **B** **A** *Oui, il y a de la place.*

◎◎ Apprenez la conversation en 2 parties: **a** et **b**.

 4 **Parlez!** Au Syndicat d'Initiative

Regarde 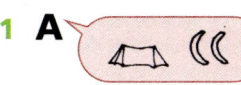 et les images:

Change les mots soulignés:

1 **A** ... **B** **2** **A** ... **B**

... au camping Du Lac

... à l'auberge de jeunesse

  5 **Lis!** Des touristes au SI

Lis les bulles. Note les renseignements. Recopie et complète la grille.

	nom	quoi?	nuits?
a	* Mme Lapie	hôtel	2
b			
c			
d			
e			

a Bonjour. Je m'appelle Madame Lapie. Je cherche un hôtel pour deux nuits.

b Je m'appelle Madame Lecat. Je cherche un appartement ou une chambre d'hôte pour deux nuits.

c Y a-t-il de la place dans l'auberge de jeunesse? Pour une nuit? Je m'appelle Saran.

d Je m'appelle Monsieur Lelong. Je cherche un camping. Y a-t-il de la place pour deux nuits?

e Moi, je suis Martine Rocher. Je cherche un appartement. Pour trois nuits seulement.

  6 **Ecris!** Qu'est-ce qu'ils disent?

Recopie et remplis les deux bulles.

a Je cherche un 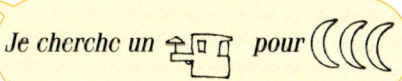 pour

b Je cherche une pour

Mots-clés

je cherche ...	I'm looking for ...
un hôtel	a hotel
un camping	a campsite
un appartement	an apartment
une chambre d'hôte	a bed and breakfast
une auberge de jeunesse	a youth hostel
pour combien de nuits?	for how many nights?
pour une nuit	for one night
pour deux nuits	for two nights
pour trois nuits	for three nights
je vais téléphoner à	I'll telephone
il y a de la place	there is some space

9C

Tu travailles dans une auberge de jeunesse française.
On te pose des questions à propos des autobus.

1 Ecoute 1–4! Où est l'arrêt ?

Pour aller …?

a en ville

b au Syndicat d'Initiative (SI)

c au complexe sportif

e Au coin.

f A la gare routière.

d Dans la prochaine rue.

Vous êtes ici

Regarde le plan. Trouve les paires.

 Il faut changer? Ecris **oui**, **non** ou **?** aussi.

* 1 a - e

* 1 a - e, oui

2 Parlez! Où est l'arrêt?

Apprenez les 3 conversations.

A

	en ville ?	
Pour aller	*au Syndicat d'Initiative?*	*Où est l'arrêt?*
	au complexe sportif?	

B Réponds: bulles **d**, **e** ou **f**.

3 Ecoute! 1–4 Ça dure combien de temps?

Ecris combien de minutes.   ** 1 10 mn*

  Il faut changer? Où?   ** 1 10 mn, complexe sportif*

Ça dure … minutes.

    dix 10   vingt 20   trente 30

 **4** **Parlez!** Ça dure combien de temps?

Apprenez les 3 conversations.

A 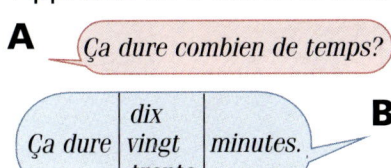 Ça dure combien de temps?

Ça dure | dix / vingt / trente | minutes. **B**

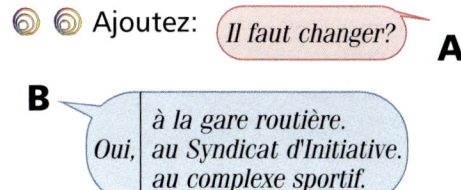 Ajoutez: *Il faut changer?* **A**

B Oui, à la gare routière. / au Syndicat d'Initiative. / au complexe sportif.

 **5** **Lis!** Combien de temps?

Ecris combien de minutes.   * *a: 15 mn.*

Terminus	0915
Syndicat d'Initiative	0930
Centre sportif	0940
Centre-ville	0945

Ça dure combien de temps:
a du terminus au Syndicat d'Initiative?
b du terminus au centre sportif?
c du terminus en ville?
d du Syndicat d'Initiative en ville?
e du centre sportif en ville?
f du Syndicat d'Initiative au centre sportif?

  6 **Ecris!** Où est l'arrêt?

Regarde les images. Trouve les paires. Recopie-les.

... l'arrêt est au coin.
Pour aller en ville ...
Pour aller au complexe sportif ...
... l'arrêt est à la gare routière.
... l'arrêt est dans la rue prochaine.
Pour aller au Syndicat d'Initiative ...

Vous êtes ici

Mots-clés

pour aller ...?	how do I get ...?
au complexe sportif	to the sports centre
au Syndicat d'Initiative (SI)	to the tourist office
en ville	into town
il faut changer?	do I have to change?
où est l'arrêt (d'autobus)?	where is the (bus) stop?
dans la rue prochaine	in the next street
au coin	on the corner
à la gare routière	at the bus station
ça dure combien de temps?	how long does it take?
ça dure ... minutes	it takes ... minutes
dix, quinze, vingt, trente	ten, fifteen, twenty, thirty

9D

C'est l'été. Tu as un petit boulot au bord de la mer. Tu travailles dans une boutique de souvenirs et de vêtements.

vêtements

souvenirs

C'est pour moi!

Pour un adulte.

C'est pour un enfant.

 **1** **Ecoute!** Je cherche ...

Mets les lettres dans le bon ordre.   * c, ...

Un souvenir ou un vêtement? Ecris **S** ou **V** aussi.   * c - S

 **2** **Parlez!** Avez-vous ...?

Travaillez à trois. Apprenez les questions.

une banane   un sweat

une casquette   **A** Je cherche ...   une veste

un jean

A *Je cherche une banane.*   *Je cherche ...* **B**   *Je cherche ...* **C**

Continuez ...

 **3** **Ecoute! 1–5** C'est pour qui?

C'est pour moi? un adulte? un enfant?

Ecris: **moi, adulte, enfant**.   * 1 moi

C'est quoi? Note les renseignements. * 1 moi - jean

 **4** **Parlez!** C'est pour qui?

Apprenez les 3 conversations.

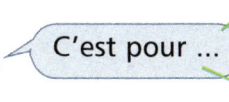

A C'est pour qui? **B** C'est pour … — moi

un enfant

un adulte

Relisez **2** et **4** ensemble. **B** Change les renseignements.

 **5** **Lis!** Des vêtements et des souvenirs

Lis les bulles. Recopie et complète la grille.

a *Bonjour. Je cherche un souvenir. C'est pour moi – une casquette, je crois.*

b *Moi aussi, je cherche un souvenir – c'est pour un enfant. Je voudrais cette banane, s'il vous plaît.*

c *Avez-vous des vêtements pour des adultes? Je cherche un jean bleu foncé.*

d *Je voudrais ce sweat, s'il vous plaît. Il est assez grand pour moi, vous croyez?*

	quoi	Pour … moi	adulte	enfant
a	casquette	✔		
b				
c				
d				

 6 **Ecris!** Je cherche des souvenirs

Débrouille et recopie les phrases.

a qui C'est pour?

b un cherche Je souvenir.

c une cherche banane Je.

d un Avez-vous sweat?

e casquette enfant Une pour un, s'il vous plaît.

* a C'est pour qui?

Mots-clés

avez-vous …?	*have you …?*
je cherche …	*I'm looking for …*
un souvenir	*a souvenir*
des vêtements	*some clothes*
c'est pour qui?	*who is it for?*
pour moi	*for me*
un adulte	*an adult*
un enfant	*a child*
une banane	*a bumbag*
une casquette	*a cap*
un jean	*a pair of jeans*
un sweat	*a sweatshirt*
une veste	*a jacket*

9E

Tu travailles dans un Syndicat d'Initiative. Tu as des T-shirts souvenirs de la ville à vendre.

Des T-shirts

blanc

rouge

vert

bleu

noir

petite taille

grande taille

jaune

taille moyenne

---

 1 Ecoute! 1–6 De quelle couleur?

◎ Ecris la couleur.   *1 vert*

◎ ◎ C'est combien?   Ecris le prix aussi.   *1 vert, 20 francs*

---

2 Parlez! Un T-shirt, s'il vous plaît!

Travaillez à deux. Jouez les rôles. Changez les couleurs et les prix.

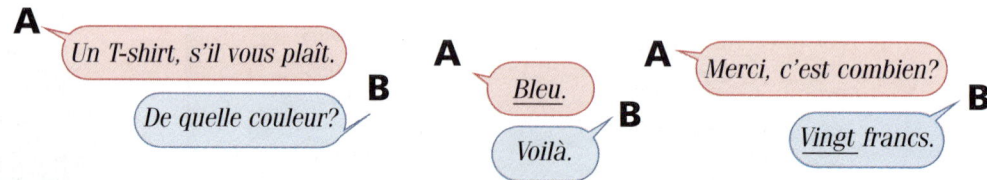

A *Un T-shirt, s'il vous plaît.*

De quelle couleur? **B**

A *Bleu.*

Voilà. **B**

A *Merci, c'est combien?*

Vingt francs. **B**

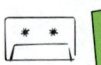 **3 Ecoute! 1–6** De quelle taille?

Ecris la taille: **petite**, **moyenne**, **grande**   *1 grande*

◎ ◎ C'est combien? Ecris ... **francs** aussi.   *1 grande, 30 francs*

4 **Parlez!** Un T-shirt, s'il vous plaît!

Travaillez à deux. Jouez les rôles. Changez la taille.

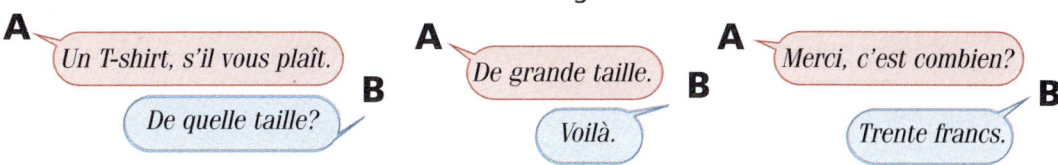

A Un T-shirt, s'il vous plaît.

B De quelle taille?

A De grande taille.

B Voilà.

A Merci, c'est combien?

B Trente francs.

 Regardez la conversation de **2**.

Changez les couleurs et les prix aussi.

5 **Lis!** Oui ou non?

Lis l'annonce. Réponds aux questions: **oui** ou **non**. *a non*

La boutique T-shirt
- ○ Vous aimez le blanc? *Voilà!*
- ● Et le noir? *Voilà!* **20 F**
- ● Le rouge? *Oui!* **40 F**
- ● Grande taille ? *Bien sûr!*
- ● Petite? *Ça aussi!*

Il y a des T-shirts …
- **a** de taille moyenne?
- **b** verts?
- **c** petits?
- **d** blancs?
- **e** à quarante francs?
- **f** rouges?
- **g** à trente francs?
- **h** jaunes?

6 **Ecris!** Un T-shirt, s'il vous plaît

C'est la fin de l'été. Il ne reste que 5 T-shirts à vendre.

Ecris une liste. *" Il y a un T-shirt vert de petite taille …*

Mots-clés

de quelle couleur?	*what colour?*	de quelle taille?	*what size?*
blanc	*white*	de grande taille	*large size*
noir	*black*	de taille moyenne	*medium size*
bleu	*blue*	de petite taille	*small size*
rouge	*red*	c'est combien?	*how much is that?*
vert	*green*	c'est … francs	*it's … francs*
jaune	*yellow*		

ENTREPRISE INDIVIDUELLE 9

You spend some time travelling in France. During your travels you will use your French to find your way, ask for information and buy souvenirs to take home. Good luck.

A Une lettre, e-mail ou un fax

Tu vas·visiter une ville française. Ecris au Syndicat d'Initiative. Demande des renseignements.

- Commence par: Au Syndicat d'Initiative de … (la ville).

- Demande 3 choses - une brochure, par exemple. ◄◄ à la page 134 **3**

- Ecris que tu cherches un logement – dans un hôtel, par exemple, et pour combien de nuits. ◄◄ à la page 136 **1 2**

RENSEIGNEMENTS PRATIQUES
1996

SERVICES · ACCUEIL · LOCATIONS · CAMPING · COMMERCES
DISTRACTIONS · FÊTES · MARÉES · EXCURSIONS

CHAMBRES D'HOTES

GITES DE FRANCE

MOTS EXTRA

des bonbons	*sweets*	des lunettes de soleil	*sunglasses*
un animal en peluche	*a cuddly animal*	orange	*orange*
du parfum	*perfume*	pourpre	*purple*
du vin	*wine*	rose	*pink*
du cognac	*brandy*	marron	*brown*
un short	*shorts*	taille unique	*one-size*
une robe	*a dress*		

B Travaillez à deux. Une conversation en ville

Continuez la conversation

A

Pour aller ... en autobus? *Où est l'arrêt?* ◀◀ à la page 138 **1**

Il faut changer? Où? *Ça dure combien de temps?* ◀◀ à la page 139 **4**

B Réponds à chaque question.

Bienvenue à
HOTEL FORMULE1
129 F*
la chambre
pour 1, 2 ou 3 personnes
LE PETIT-DÉJEUNER : 22 F* PAR PERSONNE
EN LIBRE SERVICE A VOLONTÉ
Réservations directement à l'hôtel
ROUEN EST
D 138 - ZAC du Champ Cornu
76240 LE MESNIL-ESNARD
Tél. : 35.79.86.87

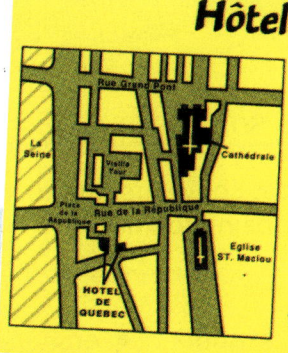

Hôtel de Québec ★★★★

38 chambres (centre ville)
Téléphone direct - Télévision
Canal+ - Parking à proximité

Remise 10 %
sur présentation de la carte

18 à 24, rue de Québec - Angle rue des Augustins
76000 ROUEN - Tél. : **35 70 09 38** + - Fax : 35 15 80 15
R.C. A 337 713 135

C Une liste de souvenirs

Ecris une liste de souvenirs pour ta famille
et tes copains / copines.

◀◀ à la page 140 **1**

Ecris la couleur et la taille, si possible.

◀◀ aux pages 142, 143 **2 4**

* Pour Maxine - un T-shirt bleu, de petite taille.

**Superbe casquette
américaine, 100%
coton, patte élastique
à l'arrière, taille
unique**

COACH.

**Lunettes de soleil,
monture marbrée,
marron fantaisie,
haute protection UVA.**

Mini-test 9

 **1** ## Ecoute! 1-4 Au rayon de souvenirs

Notes les renseignements des souvenirs et des vêtements.

- c'est quoi?   - la couleur?   - le prix?   - la taille?

  2 ## Ecris! Des souvenirs

Ecris une liste des souvenirs que tu veux acheter pour 5 personnes: pour ta famille et tes copains/copines

Liste de souvenirs

- pour qui?   - quoi?   - grand/e ou petit/e?   - couleur?

" pour Jimmy, une banane, une grande, verte

EXTRA!

 ## Ecris! Une lettre au Syndicat d'Initiative

Recopie et complète la lettre.

```
96 Bollinger St.
Leicester
le 24 juin

Monsieur / 
Avez-vous une          , et un          , s'il vous plaît?
Je voudrais aussi une liste des          et des          .
Je cherche aussi une          dans la région.
Pouvez-vous m'aider? Merci d'avance,
```
James Lindsay

A l'étranger

You want to keep in touch with French-speaking friends you have met on work experience or while travelling. Will you be able to?

IN THIS UNIT you will learn how to understand and discuss the French media, and what is going on in other countries, as well as talk about where else you have been.

WHAT IF you receive a letter from a French guest you've had, telling you what is happening in the news and asking you to keep him/her up to date with events in the UK?

This unit will help you to

★ *talk about your travel experiences when applying for a job abroad*
★ *explain world news to a non-French speaker*
★ *discuss sport on TV and who you support*
★ *keep up with sport, music, films etc. in French magazines*

BUT FIRST, read this story. David is enjoying his work experience in France and the French people, but still supports England when it comes to sport. How will that go down with David's French colleague?

En stage

David est anglais, en stage en France. Etienne lit le journal.

En stage: quelques questions

 **1** **Lis et comprends l'histoire!**

 **2** **Lis!**

Regarde l'histoire. Mets les titres dans le bon ordre.

a La violence, c'est tragique.

b Les meilleurs cyclistes?

c Dans le journal

d La Coupe du Monde: qui a gagné?

e L'Allemagne - aucune chance?

f A la télé

 **3** **Lis!**

Choisis la bonne réponse: **a**, **b** ou **c**.

A Selon le journal, il y a en Afrique ...
  a la famine
  b la pollution
  c la guerre

B Chaque jour, Etienne regarde ...
  a le Tour de France
  b la Coupe du Monde
  c les Jeux Olympiques

C David sest pour ...
  a l'Irlande
  b l'Angleterre
  c l'Ecosse

D L'Angleterre a gagné ...
  a une médaille d'or
  b la Coupe du Monde
  c les Jeux Olympiques

 4 **Théâtre!** **Joue les rôles avec des partenaires.**

10A *Tu passes un entretien pour un boulot.*

b en Allemagne

c en France

a au Royaume-Uni

d en Espagne

e aux Etats-Unis

 1 **Ecoute! 1–4** Je suis allé a ...

Trouve les paires. * *1 b, a*

 2 **Ecoute! 1–4** En vacances? En voyage d'affaires?

Regarde les images **a-e**.

Recopie et remplis la grille.

 Pour combien de temps?

Ecris **1 semaine**, **2** ou **3 semaines** aussi.

  * *1: 2 semaines*

	vacances	affaires	🌀🌀
1	* d		* 2 semaines
2			
3			
4			

3 **Parlez!** Où es-tu allé?

Regardez les images **a-e**.

A Pose la question: *Où es-tu allé/e?*

 a  b  c  d  e

B Choisis une carte **a-e**.

Je suis allé/e | *en Allemagne.*
en France.
en Espagne.
au Royaume-Uni.
aux Etats-Unis.

4 Parlez! Pourquoi?

Préparez les conversations:

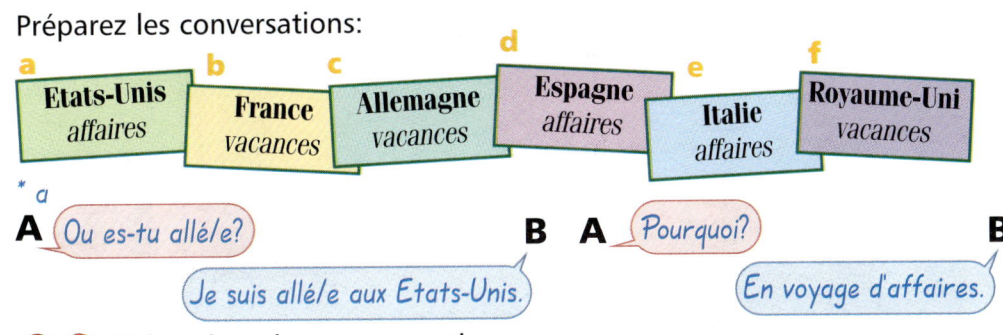

a **Etats-Unis** *affaires*
b **France** *vacances*
c **Allemagne** *vacances*
d **Espagne** *affaires*
e **Italie** *affaires*
f **Royaume-Uni** *vacances*

* a

A *Ou es-tu allé/e?* B   A *Pourquoi?* B

Je suis allé/e aux Etats-Unis.   *En voyage d'affaires.*

Mémorisez deux conversations.

5 Lis! Où es-tu allé/e?

Lis les phrases.

Ecris le pays et la bonne lettre.

a: en voyage d'affaires

b: en vacances

* 1 Etats-Unis - b

1 *Je suis allé a New York aux Etats-Unis, en vacances.*

2 Au mois de février, je suis allée en voyage d'affaires à Madrid, en Espagne.

3 Au mois de janvier, je suis allé en France. J'étais en voyage d'affaires, et j'ai visité Lyon.

4 *L'année dernière, pendant les vacances, je suis allée à Berlin, en Allemagne avec mes copines. C'était vraiment intéressant.*

5 Je suis allé au Royaume-Uni – à Bristol – la semaine dernière, en voyage d'affaires.

6 Ecris! Les pays

Regarde 5. C'est pour quel pays?   * a: la France

a Lyon — la ....

b Madrid — l' ....

c Bristol — le ....

d New York — les ....

e Berlin — l' ....

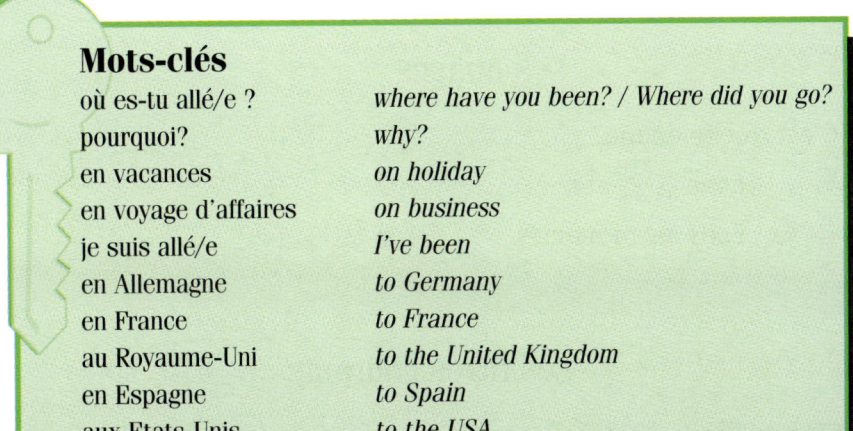

Mots-clés

où es-tu allé/e ?	where have you been? / Where did you go?
pourquoi?	why?
en vacances	on holiday
en voyage d'affaires	on business
je suis allé/e	I've been
en Allemagne	to Germany
en France	to France
au Royaume-Uni	to the United Kingdom
en Espagne	to Spain
aux Etats-Unis	to the USA

10B

Tu lis un journal en France. Ton ami/e te demande "Quelles sont les nouvelles?"

a Encore du terrorisme en Irlande ?

b La famine dans le Tiers-Monde

c La guerre continue en Afrique

d Trop de chômage en Europe

e La pollution en Pologne

1 **Lis!** Dans le journal

Relie les images aux titres.   * a 3

2 **Ecoute!** 1–5 Les images

C'est quelle image?

🌀 Ecris **1**, **2**, etc.   * 1: 3

🌀🌀 Ecris les mots-clés.   * 1 le terrorisme

3 **Ecoute!** 1–5 Les titres courants

C'est quel titre? Ecris **a**, **b**, etc.   * 1 a

4 **Parlez!** Quelles sont les nouvelles?

A *Quelles sont les nouvelles?*

B Choisis une image **1-5**.

la guerre   la famine
    Il y a ...   le chômage
le terrorisme   la pollution

B
A *Quelles sont les nouvelles?* 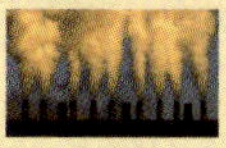
☞
B *Il y a la pollution.*

5 **Parlez!** Quelles sont les nouvelles?

Regardez les titres courants. Faites des conversations:

A *Quelles sont les nouvelles?*

Famine in the Third World **Unemployment in Poland**
War in Africa
Terrorism in Europe **Pollution in Ireland**

B
Il y a ...
en Irlande
dans le Tiers-Monde
en Afrique
en Europe
en Pologne

A * Quelles sont les nouvelles?

B *Il y a la famine dans le Tiers-Monde.*

6 **Ecris!** Il y a ....

Débrouille les mots.   * a chômage, Afrique

🌀 🌀 Complète la phrase: **Il y a ... en / dans le ...**
* a Il y a le chômage en Afrique.

a machôeg, feAriuq   **d** tillupoon, raIndel
b finema, glooPen   **e** gruere, resiT-deMon
c miresorret, purEoe

Mots-clés

quelles sont les nouvelles?	what is the news?	il y a	there is/are
dans le journal	in the paper	la guerre	(the) war
en Irlande	in Ireland	le terrorisme	terrorism
dans le Tiers-Monde	in the Third World	la famine	famine
en Afrique	in Africa	le chômage	unemployment
en Europe	in Europe	la pollution	pollution
en Pologne	in Poland		

10C Tu parles à ton / ta partenaire sur Internet: il y a du sport à la télé?

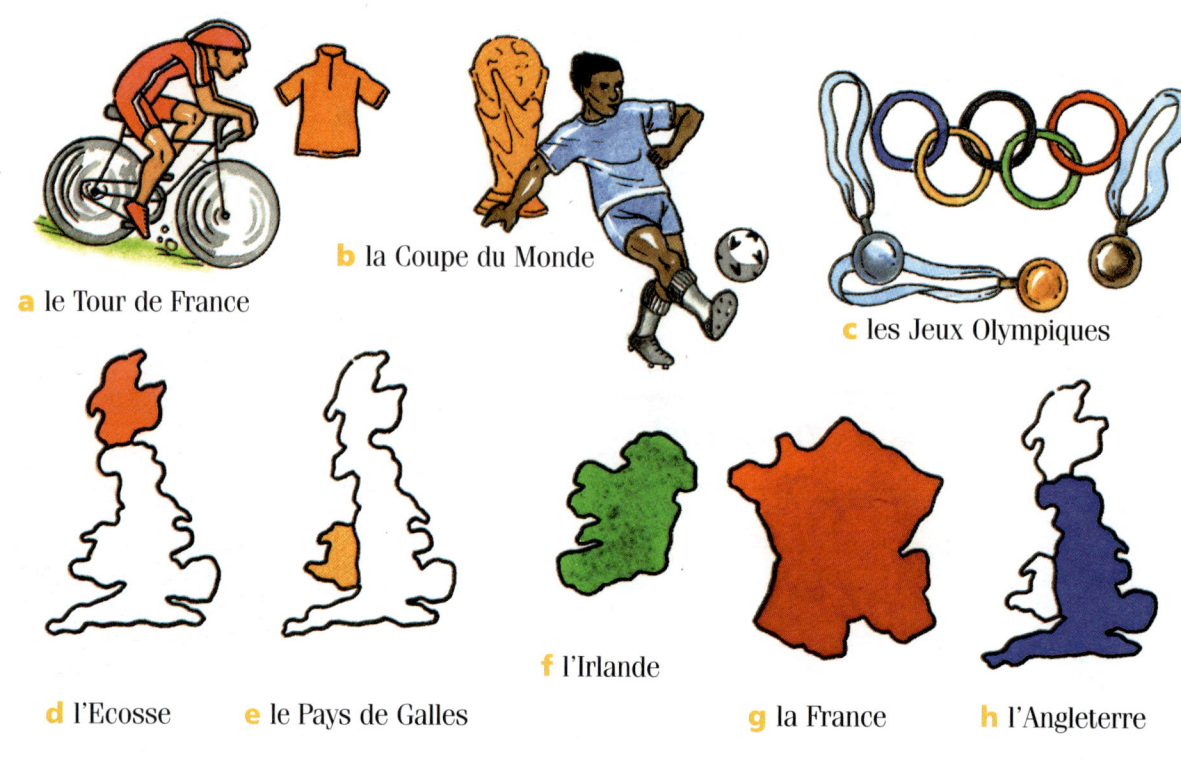

a le Tour de France

b la Coupe du Monde

c les Jeux Olympiques

d l'Ecosse   **e** le Pays de Galles   **f** l'Irlande   **g** la France   **h** l'Angleterre

---

1 Ecoute 1–4! Qu'est-ce qu'il y a à la télé?

 Ecris **a**, **b** ou **c**.   * 1 a

 Ecris les mots français.   * 1 le Tour de France

2 Ecoute 1–4! Qui a gagné?

Ecris **d**, **e**, **f**, etc.   * 1 f

 Ils sont pour qui? Ecris la lettre aussi, entre parenthèses.   * 1 f (d)

3 Parlez! A la télé

Apprenez les événements sportifs avec un partenaire:

A Qu'est-ce qu'il y a à la télé?   **B**

Il y a	le Tour de France.	
	la Coupe du Monde.	
	les Jeux Olympique	

 4 **Parlez!** Une conversation

Lisez la conversation à haute voix.

A  *Qu'est-ce qu'il y a à la télé?*

B *Il y a les Jeux Olympiques.*

A *Je suis pour l'Angleterre!*

B *Ah bon! L'Angleterre a gagné une médaille d'or!*

A *Super!*

Changez les mots soulignés. Attention au sens!

 **5** **Lis!** Quel pays a gagné?

Qui a gagné:
a la Coupe du Monde?
b une médaille d'or aux Jeux Olympiques?
c Le Tour de France?

> ## Une bonne année pour le Royaume-Uni!
>
> Cette année, la France a participé aux trois grands événements sportifs, mais c'est le Royaume-Uni qui a eu plus de succès! D'abord, la Coupe du Monde - l'Angleterre a gagné pour la première fois depuis 1966. Et puis, dans le Tour de France, c'est le cycliste Mark McClair qui a gagné pour l'Ecosse. Et enfin, aux Jeux Olympiques, le Pays de Galles a gagné trois médailles d'or! Vraiment bien joué, n'est-ce pas?

 6 **Ecris!** Du sport à la télé

Recopie et complète les phrases.

a Je suis pour .

b Je suis pour .

c Je suis pour .

* **a** *Je supporte l'Irlande.*

d  a gagné!

e a gagné!

f a gagné!

Mots-clés

qu'est-ce qu'il y a à la télé?	*what's on the TV?*
il y a	*there is/are*
le Tour de France	*the Tour de France*
la Coupe du Monde	*the World Cup*
les Jeux Olympiques	*the Olympics*
je suis pour …	*I support …*
l'Ecosse	*Scotland*
le Pays de Galles	*Wales*
l'Irlande	*Ireland*
l'Angleterre	*England*
la France	*France*
… a gagné	*… won*
une médaille d'or	*a gold medal*

10D

*Tu es en France. Tu trouves un magazine.
Lis-le! Qu'est-ce que tu comprends?
Attention! Cherche des mots anglais!*

1 Lis! Le sommaire

C'est à quelle page?   * a 7

a The new films at the cinema
b News about the stars
c Video releases
d Star signs and horoscopes
e An interview with someone
f An article about drugs

D **Attention!**
Cherche les **mots-clés** dans un dictionnaire!

2 Lis! Un article

a un abonnement à son magazine préféré

b des lentilles de couleur

c un appareil-photo jetable

d un T-shirt imprimé

En anglais, c'est ...
a *a favourite magazine* mais **un abonnement** - qu'est-ce que c'est?
b *coloured* mais **des lentilles** - qu'est-ce que c'est?
c *a camera* mais **jetable** - qu'est-ce que c'est?
d *a T-shirt*! Mais **imprimé** - qu'est-ce que c'est?

Attention! Cherche les mots que tu as déjà appris.
(Look for the words you have learned in this book!)

3 **Lis!** Une publicité

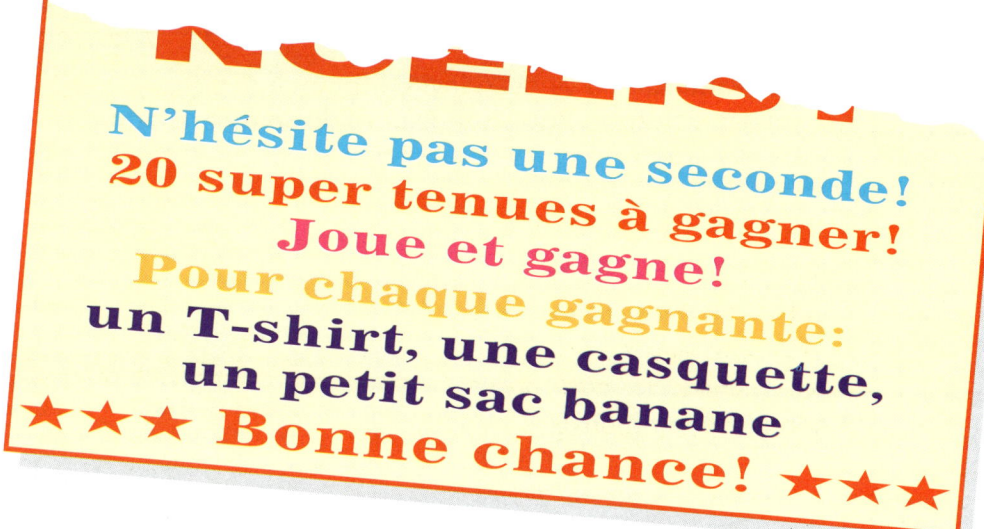

Cherche ces mots à la page donnée.

gagner - gagne - gagnante   ◀◀ aux pages 154-155

joue   ◀◀ aux pages 40-41

une casquette   ◀◀ aux pages 140-141

une banane   ◀◀ aux pages 140-141

Qu'est-ce que tu comprends? Note les renseignements en anglais.

* Don't hesitate for a second!
There are 20 super ...

Attention!

1 Cherche des mots anglais!
Look for English words and names. French magazines and newspapers are using more and more English words.

2 Cherche les mots-clés dans un dictionnaire!
Use a dictionary for the important words. Don't look up every word. Decide which ones really matter.

3 Cherche des mots que tu as déjà appris.
Keep an eye open for words you have learned before – there will always be some to find. Try and make sense of what you are reading without having to understand every single word.

ENTREPRISE INDIVIDUELLE 10

Congratulations! You've been invited for an interview with a French newspaper. Before you go, you need to do some preparation.

A Où es-tu allé/e ?

Travaillez à deux. Apprenez la conversation.

A *Où es-tu allé/e ?*

B Enregistre ta réponse: *Je suis allé/e ... en vacances.*

Je suis allé/e ... en voyage d'affaires.

◀◀ à la page 151 4

MOTS EXTRA

l'Italie	Italy	un tremblement de terre	an earthquake
l'Inde	India	une inondation	a flood
l'Amérique du Sud	South America	des troubles	disturbances
la Turquie	Turkey	une explosion	an explosion
la Grèce	Greece	une épidémie	an epidemic
la Suisse	Switzerland	le match	the match
le Portugal	Portugal	la moto	motor cycling
la Russie	Russia	la course automobile	motor racing
le Japon	Japan	le Rallye de Monte Carlo	The Monte Carlo Rally
le Canada	Canada		
mort	dead	l'hippisme	horse racing
blessé	injured		

B Dans le journal

Lis les titres de la presse. Note les renseignements en anglais.

◀◀ aux pages 152-153

2 La famine en Afrique continue

1 Tremblement de terre en Italie: 3 morts

3 Trois millions de morts en Asie après les inondations

4 Collision à l'aéroport – 75 blessés

5 En route pour des vacances en Turquie

6 *Explosion dans un avion à Nice – 5 morts*

7 Le terrorisme continue en Algérie

8 Un jeune écossais gagne le Rallye de Monte Carlo

C La presse

Qu'est-ce qu'il y a à la télé et quelles sont les nouvelles en Grande-Bretagne, en ce moment?

Ecris un e-mail ou un mémorandum sur le sport et les actualités dans la presse et à la télé.

Dans le journal, il y a …

◀◀ aux pages 152-153

A la télé, il y a …

◀◀ aux pages 154-155

Mini-test 10

1 Lis! Dans le journal

Fais deux listes

- les pays que tu peux trouver dans les titres:

  les pays   * la France, ...

- les événements et les problèmes:

  les événements   * le Tour de France, ...

a Tour de France gagné par un normand

b La famine au Tiers-Monde continue

c L'Espagne déçue: l'Italie a gagné la coupe

e Les Jeux Olympiques – la dernière chance pour les Etats-Unis?

d Bureau de poste attaquée par 5 terroristes en Irlande

f La religion en Afrique: toujours un problème?

g Fin de la pollution en Pologne, après cinquante années?

h Le chômage: Enfin une solution pour l'Europe?

2 Ecoute! 1–8 Radio - journal

C'est quelle histoire?

Regarde les titres. Ecris les lettres dans le bon ordre.   * c

EXTRA!

Ecoute! 1–8 Radio - journal

Ecoute encore une fois. Note des renseignements.

* L'Italie a gagné mercredi à Madrid.